16 LEITSÄTZE

FÜR EIN SINNERFÜLLTES UND GLÜCKLICHES LEBEN

ALISON MURDOCH
DEKYI-LEE OLDERSHAW

DIAMANT VERLAG MÜNCHEN

ISBN 978-3-9813653-2-0
1. Auflage 2010

Titel der Originalausgabe: *16 Guidelines for Life. The Basics*

43 Renfrew Road, London SE11 4NA
www.essential-education.org

Deutsche Übersetzung von Françoise Bassand, in Zusammenarbeit mit Barbara Marx, Heike Bläker Henckel und Martin Furler

Lektorat: Christel Drescher und Claudia Savelli
Druck: Druckerei Pohland Augsburg
Grafik: Traudel Reiß
Illustrationen: Robin Stephens, robinstephensart@hotmail.com

ÜBER ESSENTIAL EDUCATION

Das Ziel von Essential Education ist es, die Welt zu einem friedlicheren Ort zu machen, indem Menschen überall auf der Welt darin unterstützt werden, Mitgefühl und Weisheit zu entwickeln, um so allen ein glückliches und sinnvolles Leben zu ermöglichen. Wenn Sie mehr über Essential Education erfahren möchten oder regelmäßig Neuigkeiten zu Projekten, Kursen und unserem weltweiten Programm erhalten möchten, besuchen Sie bitte die Webseite: www.essential-education.org

Inhalt

Danksagungen

Unser Dank geht an folgende Personen, deren Kraft, Können und Zielstrebigkeit diese Publikation erst ermöglicht haben: Michael Adam, Eleanor Brunnen, Federica Cardelli, Anna Cherry, Martin Cherrett, Rasmus Hougaard, Martin Klopstock, Ehrwürdiger Roger Kunsang, Patrick Madden, Vicki Mackenzie, Ehrwürdige Connie Miller, Jane Moore, Suzy Murdoch, Hannah Pearce, Fiona O'Shaughnessy und Ian Thomas.

16 LEITSÄTZE

FÜR EIN SINNERFÜLLTES UND GLÜCKLICHES LEBEN

ALISON MURDOCH
DEKYI-LEE OLDERSHAW

DIAMANT VERLAG MÜNCHEN

Einführung

Die 16 Leitsätze sind direkte und praktische Werkzeuge zur Verbesserung unserer Lebensqualität. Sie geben uns einen einfachen und klaren Rahmen zum Nachdenken darüber, wie wir denken, reden und handeln; sie helfen uns, Ursachen für dauerhaftes Glück und ein sinnerfülltes Leben zu schaffen.

Die neuesten neurowissenschaftlichen Forschungsergebnisse weisen darauf hin, dass jede/r von uns das Potenzial hat, den Geist fortwährend weiterzuentwickeln und zu verändern – von Geburt an bis zum Tod. Die 16 Leitsätze zeigen uns, wie wir das tun können, und zwar so, dass es uns selbst und anderen nützt.

Wozu 16 Leitsätze?

Als König Songtsen Gampo im 7. Jahrhundert n. Chr. Philosophen und spirituelle Gelehrte aus dem benachbarten Indien nach Tibet einlud, begann er damit den Prozess, durch den eine kriegerische Nation zu einer für ihre Friedfertigkeit und Gelassenheit berühmte Zivilisation wurde. Die 16 Leitsätze basieren auf den inspirierenden Werten und Grundsätzen, in denen er sein Volk unterwies.

Die Leitsätze sind eine zeitgemäße Umsetzung einer alten Weisheitslehre. Die täuschend einfachen Begriffe finden sich immer wieder in den spirituellen, religiösen und philosophischen Traditionen dieser Welt, auch wenn sie nicht immer in die Praxis umgesetzt werden. Wenn wir lernen, sie in den Situationen unseres Alltags anzuwenden, wird sich immer wieder ihre außergewöhnliche Kraft zeigen, die uns erlaubt, unsere Beziehungen besser zu gestalten, weisere Entscheidungen zu treffen und sogar in den schwierigsten Situationen den inneren Frieden zu bewahren.

Warum gibt es vier Abschnitte?

Die 16 Leitsätze bilden einen fortlaufenden Zyklus, der bei Demut beginnt und mit Mut endet. Ihnen liegen vier philosophische Betrachtungen zugrunde:

1. Wie wir denken – alles, was wir sagen und tun, entstammt unserem Geist.
2. Wie wir handeln – jede hilfreiche Handlung schafft eine bessere Welt.
3. Wie wir mit anderen umgehen – jede Wertschätzung anderer ist auch eine Wertschätzung der eigenen Person.
4. Wie wir Sinn im Leben finden – wenn alles sich verändert, ist auch alles möglich.

Unsere Erfahrungen mit den Leitsätzen vertiefen sich in dem Maße, in dem wir uns mit diesen Betrachtungen auseinandersetzen. Viele Menschen machen die Erfahrung, dass sie ihnen helfen, den Herausforderungen und dem Stress des modernen Lebens mit Kraft und Beharrlichkeit zu begegnen.

Empfehlung

Suche dir nach dem Zufallsprinzip einen Leitsatz für den heutigen Tag aus. Falls sich eine schwierige Situation ergibt, rufe dir diesen Leitsatz in Erinnerung und prüfe, ob sich dadurch eine neue und/oder hilfreiche Perspektive eröffnet. Denke vor dem Schlafengehen darüber nach, was du gelernt hast. Hat der spezielle Leitsatz, der anfangs vielleicht einfach wirkte, im Laufe des Tages an Tiefe und Vielschichtigkeit gewonnen? Hat er auch eine Schattenseite? Suche dir am nächsten Tag einen neuen Leitsatz aus.

Unter www.16guidelines.org finden Sie weitere Ideen im Zusammenhang mit den 16 Leitsätzen sowie Informationen zu Kursen, Publikationen und Spielkarten.

Beobachte deine Gedanken, denn sie werden zu Worten.
Beobachte deine Worte, denn sie werden zu Taten.
Beobachte deine Taten, denn sie werden zu Gewohnheiten.
Beobachte deine Gewohnheiten, denn sie werden zu deinem Charakter.
Beobachte deinen Charakter, denn er wird dein Schicksal.
(unbekannt)

Wie wir denken

Alles, was wir sagen und tun, kommt von unseren Gedanken.

Unsere Art zu denken ist ausschlaggebend für jedes unserer Worte und jede unserer Taten. Sie entscheidet darüber, wo wir leben, wen wir zu unseren Freunden machen, welche Arbeit wir verrichten und womit wir unsere Zeit verbringen. Unser Leben wird von unseren Gedanken gestaltet, von frühester Kindheit an bis zu dem Tag, an dem wir sterben. Die machtvolle Wirkung des Geistes zu erkennen ist daher auch das zentrale Thema der *sechzehn Leitsätze*.

Instinktiv erfahren wir die Welt als etwas, was sich „draußen" befindet und uns über unsere Sinne zugänglich ist. Unsere Ausrichtung auf die äußeren Umstände macht uns jedoch verletzlich, da das Auf und Ab des Lebens sich nie ausschließlich zu unseren Gunsten auswirken kann. Wenn wir uns näher damit befassen, erkennen wir, dass die Art und Weise, wie wir die Welt erfahren, stark davon beeinflusst ist, was in unserem Inneren vorgeht – vom Zustand unseres Geistes.

Wenn wir sehen, wie sich ein Mann und eine Frau in der Öffentlichkeit umarmen, so fühlen wir uns dabei an einem Tag vielleicht entspannt und froh und an einem anderen Tag neidisch und unglücklich. Auch unser kultureller Hintergrund beeinflusst uns. Die Umarmung kann in einem Land als ein spontanes Zeichen der Zuneigung angesehen werden, egal ob die beiden nun verheiratet sind oder nicht. In einem anderen Land ist sie dagegen sittenwidrig und deshalb unannehmbar. Unsere gefühlsmäßigen Reaktionen werden durch eine komplexe Mischung aus Erfahrungen, Einstellungen und Überzeugungen gesteuert.

Wenn wir genauer darüber nachdenken, erkennen wir, dass jedem Gefühl ein Gedanke zugrunde liegt. Dessen sind wir uns oft nicht bewusst, weil vieles so schnell passiert. Ein Wutausbruch kann verschiedene Ursachen haben: Vielleicht kommt er von Gedanken wie „diese Person macht mir Angst" oder „sie wird mir wehtun" oder „das, was ich möchte, kann ich nicht bekommen". Wenn wir niedergeschlagen sind, erscheinen unablässig Gedanken wie „ich bin nicht gut genug", „ich habe ein Chaos angerichtet", „niemand mag mich" oder „das wird nie aufhören". Auch wenn diese Gedanken übertrieben oder falsch sind, haben sie doch die Kraft, uns in eine Abwärtsspirale zu ziehen, die zu Kummer und Unzufriedenheit führt.

In dieser Kraft liegt jedoch auch eine Chance. So wie ein Sportler seinen Körper trainiert, können wir unseren Geist trainieren und umwandeln.

Indem wir das tun, verändern wir unsere Gewohnheitsmuster und erkunden neue Arten zu leben. Die Entwicklung von Demut, Geduld, Zufriedenheit und Freude eröffnet uns vier neue Wege dorthin.

01 Demut

Ich sehne mich danach, große und edle Aufgaben zu erfüllen, doch ist es meine größte Pflicht, kleine Aufgaben so zu erfüllen als wären sie groß und edel.
Helen Keller, Vereinigte Staaten

WAS IST DEMUT?

Demut ist die Haltung, der Welt und dem, was sie beinhaltet, mit Staunen und Ehrfurcht zu begegnen. Mit Demut sehen wir uns selbst als einen kleinen Teil des weiten Universums, das von Menschen und anderen Lebewesen bewohnt wird, von denen wir etwas lernen können.

Demut ist eine stille Kraft. In gewissen Kulturen wird es als normal angesehen, für das, was man für richtig hält und erreichen will, laut und bestimmt einzutreten. Doch wahrhaft demütige Menschen haben etwas Würdevolles an sich. Auch wenn sie berühmt und erfolgreich sind, sind sie weise und erfahren genug, ihre eigenen Grenzen zu kennen.

Eine bescheidene Person kann über ihren eigenen Standpunkt und ihre Interessen hinausblicken. Sie erkennt, dass wir alle voneinander abhängig sind und dass wir einzigartige – und manchmal auch unerwartete – Rollen im Leben unserer Mitmenschen spielen müssen. Die Demut verlagert unseren Blick vom „Ich" zu den „Anderen" und tut dies mit Freude.

Die Demut ist der erste der sechzehn Leitsätze, weil sie einen Ausgangspunkt darstellt. Wie sollen wir wachsen und uns weiterentwickeln, wenn wir der Meinung sind, wir hätten nichts zu lernen?

WARUM HELEN KELLER?

Helen Keller erlangte weltweite Anerkennung als Vortragsrednerin und Aktivistin, blieb sich jedoch ihrer Isolation, Verletzlichkeit und Abhängigkeit von anderen bewusst. Sie wuchs im US-Bundesstaat Alabama auf und verlor ihre Sehkraft und ihr Hörvermögen mit achtzehn Monaten. Trotz all ihrer Schwierigkeiten setzte sie sich unermüdlich für die Rechte Behinderter ein und widmete sich darüber hinaus Problemen wie den Frauenrechten und der Geburtenkontrolle, dem Rassismus und der Armut.

„Niemand kennt besser als ich die bitteren Schläge des Lebens. Aber ich habe meine Behinderungen zu Werkzeugen des Lernens und der wahren Freude gemacht", sagte Helen Keller im Alter von achtzig Jahren. Da sie selbst so viele Hindernisse überwunden hatte, war sie fest entschlossen, anderen Menschen dabei zu helfen, dasselbe zu tun. „Die Welt, wie sie ist, gefällt mir nicht. Daher versuche ich, sie ein bisschen mehr zu dem zu machen, was ich mir wünsche."

Helen Keller besaß ein außergewöhnliches Maß an Energie. Sie hielt in über 35 Ländern Vorträge zum Thema Behinderung und begann mit 75 Jahren eine Vortragsreise von über 65.000 km quer durch Asien. Sie traf zehn Präsidenten der Vereinigten Staaten, war die erste taubblinde Amerikanerin, die einen Universitätsabschluss erreichte, und die erste Frau, die einen Ehrentitel der Harvard-Universität erhielt. Über ihr Leben gibt es einen oscarprämierten Dokumentarfilm und ein Broadway-Theaterstück. Sie war jedoch so wenig von ihren eigenen Leistungen eingenommen, dass sie ihre Krankenbesuche bei blinden, tauben und versehrten Soldaten des Zweiten Weltkrieges als die „krönenden Erfahrungen ihres Lebens" bezeichnete. Mehr als 1200 Trauernde nahmen an ihrer Beisetzung teil.

Ironischerweise sagte Helen Keller: „Ich halte Demut für eine Tugend, aber ich ziehe es vor, mich nur dann auf sie zu stützen, wenn es wirklich nötig ist." Ist vielleicht der Mensch, der Demut scheut, derjenige, der sie am besten verkörpert? Es scheint schlüssig, dass diejenigen, die sich für bescheiden halten, leicht Gefahr laufen, stolz und selbstzufrieden zu sein. So bemerkte Benjamin Franklin: „Ach, ich weiß, dass ich stolz darauf wäre, wenn ich je wirklich bescheiden sein könnte!"

AUF WELCHE WEISE FÜHRT DEMUT ZU GLÜCK?

Demut entsteht, wenn unsere Abwehrmechanismen außer Kraft gesetzt werden. Dabei handelt es sich um jene Gedanken, die uns einflüstern, wir seien einzigartig oder etwas Besonderes, wir würden bedroht oder verurteilt und müssten uns dagegen wehren. Die Demut erlaubt es uns zuzugeben, dass wir ängstlich und verletzlich sind, dass wir nicht immer alles richtig machen und nicht immer wissen, was zu tun ist. Auf geheimnisvolle Weise führt genau das dazu, dass wir uns selbst annehmen und innere Ruhe finden können.

Ein bescheidener Mensch erkennt, wie wir alle voneinander abhängen, wie die Güter, die wir verbrauchen, durch weltweite Vernetzung zu uns kommen und wie wir, um zu überleben, auf die praktische und emotionale Unterstützung durch andere angewiesen sind. Diese Einsichten bewirken, dass wir im Kontakt mit der Wirklichkeit bleiben.

Außergewöhnliche Dinge können entstehen, wenn wir diese Art von stillem Selbstvertrauen besitzen: Wenn wir in einen Raum voller Menschen treten – beispielsweise bei einer Versammlung oder einem Fest – haben wir die Wahl. Wir können uns in dieser Situation ängstlich fragen, wie wir wohl auf andere wirken, und uns Sorgen darüber machen, wie sie sich uns gegenüber verhalten werden. Der vorherrschende Gedanke dabei ist: „Hier geht's um mich!" Wir können aber auch versuchen zu denken: „Hier geht's um euch!" Dieser Gedanke macht uns nachgiebig und anpassungsfähig, wir erwarten von niemandem etwas Bestimmtes und haben wirkliches Interesse an den einzigartigen Individuen, denen wir begegnen, und an deren Ansichten.

Wenn wir ängstlich und besorgt sind, so verspannen wir uns üblicherweise, und das führt leicht dazu, dass wir uns hinter Stolz und Selbstherrlichkeit verstecken. Können wir dieses Verhalten verändern? Können wir lernen, stattdessen einfühlsamer und flexibler zu werden? Wenn wir uns zurückhaltend und entspannt verhalten, ermutigen wir andere, es uns gleichzutun. Eine ungeahnte Kraft wird frei, durch die selbst die schwierigsten Situationen umgewandelt werden können.

Die großen Kampfkunstmeister des Aikido lehren Demut durch geschickte Bewegungen, die darauf zielen, den Gegner zu entwaffnen, damit keiner der Beteiligten zu Schaden kommt. Eine Übung heißt „In den Schuhen einer anderen Person gehen". Wenn einen das Gegenüber angreift, packt man dessen Handgelenk; dann drehen sich beide und gehen in dieselbe Richtung. Der Schwung dieser kraftvollen Handlung führt dazu, dass beide vorwärtsgehen. So wird die negative Energie des Angreifers in etwas Positives umgewandelt. Wenden wir dieses Prinzip im Alltag an, gehen wir plötzlich neben unserem verblüfften Angreifer, finden uns in seiner Position wieder und nehmen seinen Blickwinkel wahr.

In der Arbeitswelt und im Privatleben sind meist diejenigen Menschen erfolgreich, die genügend Selbstvertrauen besitzen, um sich auch Meinungen anzuhören, die ihren eigenen widersprechen. Wir sind zunehmend darauf angewiesen, Informationen und Ratschläge von anderen anzunehmen, die in den Bereichen, in denen wir uns nicht auskennen, über mehr Erfahrung verfügen. Einem demütigen Menschen kommt nicht in den Sinn, dass dies eine Bedrohung oder Herabsetzung bedeuten könnte. Wer stolz und überheblich ist, bekommt dagegen möglicherweise nicht die notwendige Rückmeldung.

Wenn wir uns anderen überlegen fühlen, verlieren wir die Fähigkeit zuzuhören. Welch ein großer Schaden, wo wir doch so viel voneinander lernen könnten! Es gibt eine tibetische Redensart, die eine stolze Person mit einem umgedrehten Behälter vergleicht: Es geht nichts hinein, und er lässt sich nicht füllen.

Wenn wir uns immer wieder mit Schichten von Stolz überziehen – man könnte sie mit Lackschichten vergleichen – so werden wir immer härter. Es kann dann sehr schwer werden, zu einem Zustand von Demut zurückzukehren. Manchmal führt erst ein persönlicher Schicksalsschlag wie eine Krankheit oder ein Todesfall dazu, dass der Panzer, den wir uns zugelegt haben, wieder aufbricht.

Begegnen wir jemandem, der mit stolzgeschwellter Brust auftritt – sei er oder sie auch noch so schön oder redegewandt –, kann es leicht passieren, dass wir uns instinktiv von ihm zurückziehen. Wir versuchen oft, solche Leute auf den Boden der Tatsachen zurückzuholen. Auch die Medien behandeln Menschen, die stolz und überheblich auftreten, oft am erbarmungslosesten.

Wenn wir etwas über eine bescheidene Person lesen oder ihr begegnen, fühlen wir uns dagegen oft von dieser Person angezogen. Wir möchten hören, was sie zu sagen hat, und mit ihr zusammen sein. So führt Demut zu Nähe. Solche Menschen inspirieren uns dazu, daran zu glauben, dass wir aus eigenem Antrieb einen sinnvollen Beitrag leisten können.

Viele der Vorbilder in diesem Buch besitzen die Qualität der Demut. Sie hat sie keineswegs daran gehindert, ihre Ziele zu erreichen. Sie wurde sogar zu einer ihrer Kraftquellen, die ihnen mehr Anerkennung brachte und es ihnen ermöglichte, andere stärker zu bewegen.

Eine wahre Geschichte

1978 wurde der russische Meisterpianist Vladimir Horowitz eingeladen, Rachmaninows drittes Klavierkonzert vor einem ausgewählten Publikum in der Carnegie Hall in New York zu spielen. Dieses Klavierkonzert war eines seiner Lieblingsstücke – er spielte es seit fast dreißig Jahren – und die Darbietung war überragend. Die Virtuosität und die technischen Fähigkeiten des Meisterpianisten verzauberten das Publikum. Nach dem Konzert fragte ihn ein sichtlich nervöser Klavierstudent: „Sir, wie lange haben Sie für dieses Stück geübt?" Horowitz antwortete: „Ich arbeite immer noch daran!"

Übung

Wenn Menschen mit dir reden möchten, fährst du manchmal fort mit dem, was du gerade tust – zum Beispiel Kochen, Zeitunglesen oder das Schauen auf den Bildschirm? Behandelst du sie so, als seien sie nicht wichtig genug, um deine volle Aufmerksamkeit zu verdienen? Wenn dies das nächste Mal passiert, halte inne, sieh ihnen in die Augen und höre aufmerksam zu. Schreibe auf, was du dabei Neues gelernt hast.

Betrachtung

- Suche einen ruhigen Ort, an dem du dich entspannen kannst. Setze dich bequem hin und konzentriere dich auf deinen Atem. Kommen Gedanken, Bilder und Gefühle auf, so lasse sie einfach ziehen. Wenn dich etwas ablenkt, bringe deine Aufmerksamkeit behutsam zur Wahrnehmung des Ein- und

Ausatmens zurück. Genieße diese Erfahrung des Zur-Ruhe-Kommens einige Minuten lang.

- Beobachte deinen Geist auf eine objektive Art und Weise, als würdest du einen Film betrachten. Achte auf einen klaren Abstand zwischen dir als Betrachter und der Filmleinwand. Erlaube deinen Gedanken, ganz frei zu kommen und zu gehen, während du ihnen dabei zusiehst. Nimm dir Zeit und warte ab, bis sich ihre Betriebsamkeit legt. Widerstehe der Versuchung, deinen Gedanken zu folgen.

- Vielleicht nimmst du wahr, wie starke Gefühle, etwa Abneigung, Eifersucht oder Verliebtsein, die Leinwand überfluten. Es kann passieren, dass dich diese Gefühle hineinsaugen und dich vom Beobachter zu einem Schauspieler im Film machen. Wenn das geschieht, wende dich behutsam wieder ab und kehre zum Blickwinkel des Beobachters zurück.

- Wie verändern sich Qualität und Tiefe deiner Gefühle auf der Leinwand? Beobachte genau und achte darauf, dich nicht mit ihnen zu identifizieren. Führen sie dazu, dass du dich größer und stärker fühlst oder ängstlicher und verletzlicher? Wie beeinflussen sie dein Selbstbild? Gib dir Zeit, deine Reaktionen genau wahrzunehmen, so als würdest du einen Film betrachten.

- Bisher warst du Zuschauer. Verwandle dich nun in einen Berichterstatter. Was zeigt dir dieser Prozess darüber, wer du bist? Gehe folgenden Fragen nach: Wie wirklichkeitsnah ist mein Selbstbild? Entspricht es der Realität und hilft es mir, oder ist es nur eine Projektion des Geistes? Gibt es da etwas, was mir Anlass zu Stolz oder Überheblichkeit geben könnte? Kann ich entspannter damit umgehen, wer ich bin?

- Was lernst du aus dieser Erfahrung? Egal, zu welchem Ergebnis du kommst, bleibe eine Weile sitzen und lasse es in Ruhe nachwirken.

- Beende die Übung mit dem Wunsch „Mögen alle Wesen glücklich sein!"

Zitate

Ich weiß, dass ich nichts weiß.
Sokrates, Griechenland

Nie bin ich einem Menschen begegnet, der so unwissend war, dass ich nichts mehr von ihm lernen konnte.
Galileo Galilei, Italien

Demut ist keine besondere Form der Zurückhaltung, wie man sie etwa durch eine leise Stimme zeigt. Sie ist selbstloser Respekt gegenüber der Realität.
Iris Murdoch, Großbritannien

Quellen

- Das englischsprachige Helen Keller-Archiv wird von der „American Foundation for the Blind“ verwaltet (www.aft.org).

- Helen Keller schrieb zwölf Bücher, u. a. eine frühe Autobiografie „Geschichte meines Lebens“ (Originaltitel „The story of my life“, 1903) und „Licht in mein Dunkel“ (Originaltitel „Light in My Darkness“ mit Ray Silverman, neue Ausgabe, Swedenborg Foundation, 2006).

- Der englische Originaltext von „The story of my Life“ ist unter www.afb.org/mylife veröffentlicht – anlässlich des hundertjährigen Jubiläums der Originalausgabe.

- Der Film „Licht im Dunkel“ (Originaltitel „Miracle Worker“) des Regisseurs Arthur Penn, mit Anne Bancroft in der Hauptrolle, gewann 1962 zwei Oscars (eine DVD-Version erschien 2004, MGM Studios).

- Der Film „Shining Soul: Helen Keller's Spiritual Life and Legacy“ der Regisseurin Penny Price erschien 2006 als DVD (Swedenborg Foundation).

02 Geduld

Viele Menschen glauben, Geduld sei ein Zeichen der Schwäche. Meiner Meinung nach ist das ein Irrtum. Vielmehr ist Wut ein Zeichen der Schwäche.
Seine Heiligkeit der Dalai Lama, Tibet

WAS IST GEDULD?

Sich in Geduld zu üben, heißt die Macht des Geistes zu erfahren. Das Leben ist voller unangenehmer Erfahrungen, von geringfügigen Unannehmlichkeiten bis hin zu schweren Herausforderungen und Rückschlägen. Im Angesicht dieser Erfahrungen können wir unterschiedlich reagieren. Wir können aufgeregt und wütend werden oder ruhig und entspannt bleiben. Geduld ist die Fähigkeit, unsere Reaktionen zu kontrollieren und unsere innere Ruhe zu bewahren.

Geduld gibt uns die Flexibilität und Stärke, die dazu führen, dass wir nicht zum Opfer der Umstände werden. Sie schützt uns wie eine Rüstung. Sie führt nicht zur Passivität oder Resignation und nimmt uns auch nicht die Möglichkeit, angemessen auf Schwierigkeiten und Bedrohungen zu reagieren. Geduld macht es sogar wahrscheinlicher, dass wir uns richtig verhalten, indem wir die Fähigkeit zu klarem Denken beibehalten.

Manche Menschen sind von Natur aus geduldig, andere neigen zur Ungeduld und werden schnell wütend. Geduld lässt sich aber auch erlernen. Wir können uns den Schaden vor Augen halten, der durch unkontrollierte Wut angerichtet wird. Wir können denken, dass eine Verletzung sicherlich ohne jede Absicht geschah. Wir können uns in Erinnerung rufen, dass sich die Umstände ändern werden. Sich in Geduld zu üben ist ein Lernprozess, der das Fundament für ein glückliches Leben legt.

WARUM DER DALAI LAMA?

Tenzin Gyatso, der vierzehnte Dalai Lama, erhielt den Friedensnobelpreis dreißig Jahre nach seiner Flucht aus seiner Heimat Tibet. Obwohl Tibet von der Volksrepublik China vollständig besetzt wurde, ungeheuer viele Menschen zu Tode kamen, Hunderte von Klöstern verwüstet wurden und seit Jahrzehnten die Natur und Umwelt erbarmungslos zerstört wird, setzt er sich fortgesetzt für eine friedliche und für beide Seiten nützliche Einigung mit der chinesischen Regierung ein.

Der Dalai Lama hat die Chinesen oft als seine besten Freunde bezeichnet, weil sie ihm das Geschenk der Geduld gemacht haben. „Jene, die uns schaden wollen, lehren uns gewissermaßen Geduld. Sie bringen uns etwas bei, das wir nicht lernen könnten, wenn wir jemandem nur zuhören, auch wenn der Redner noch so weise oder heilig ist." Obwohl er selbst harte Zeiten durchgestanden hat und beinahe täglich die herzzerreißenden Berichte der tibetischen Flüchtlinge hört, die ihn aufsuchen, lebt der Dalai Lama in Frieden mit sich und der Welt. Seine Reaktion ist von Liebe geprägt und nicht von Wut.

Am 1. Januar 2000 rief der Dalai Lama anlässlich des Jahrtausendwechsels zur „internen Abrüstung" auf – als Voraussetzung für den Weltfrieden. Er definierte „interne Abrüstung" als das Aufgeben aller negativen Gefühle, die zu Gewalt führen. „Wir brauchen dazu keinen Tempel, keine Kirche, keine Moschee oder Synagoge, keine komplizierte Philosophie, Doktrin und kein Dogma. Unser eigenes Herz, unser eigener Geist sind der Tempel."

Einige Exiltibeter empfinden die Geduldigkeit des Dalai Lama als übertrieben und nutzlos. Sie würden es vorziehen, sich mit Wut und Gewalt an den chinesischen Besatzern zu rächen. Es ist nicht möglich einzuschätzen, ob diese Strategie etwas an dem politischen Stillstand zwischen den beiden Regierungen ändern würde. Doch den Argumenten des Dalai Lama zufolge mag es zwar so scheinen, als habe Gewalt kurzfristig eine positive Auswirkung, sie hinterlässt aber für lange Zeit Bitterkeit und Hass, die schwer wieder aufzulösen sind.

WIE FÜHRT GEDULD ZU GLÜCK?

Geduld ist außerordentlich nützlich. Auf einer persönlichen Ebene verhilft sie uns dazu, uns sicher, anerkannt und getragen zu fühlen. Wir können unsere Gedanken mit anderen austauschen und uns an ihrer Gesellschaft erfreuen, ohne Angst davor haben zu müssen, angegriffen oder schlecht behandelt zu werden. Geduld schafft die Grundlage für das Glück der Einzelnen und der Gesellschaft.

Geduld beginnt bei jedem Einzelnen von uns. Stelle dir vor, nie mehr ärgerlich oder wütend zu werden, nie mehr das Gefühl zu haben, dass deine wunden Punkte getroffen werden, und nie mehr einen finsteren und engen Geist zu haben. Wie wäre es deinen Körper nicht mehr anzuspannen, deine Fäuste nicht mehr zu ballen, dein Gesicht nicht mehr zu verzerren und dir nicht mehr mitten in der Nacht den Kopf darüber zu zerbrechen, was jemand gesagt oder eben nicht gesagt hat?

Ruhig und geduldig zu bleiben ist wirksamer als zornig zu werden, sogar wenn uns jemand absichtlich verletzt. Geduld heißt nicht, keine Gegenmaßnahmen zu ergreifen, um die andere Person oder uns zu schützen. Eine ruhige und überlegte Reaktion wirkt aber nachhaltiger als Worte oder Taten, die einem erzürnten und unkontrollierten Gemüt entspringen.

Ist der Groll erst ausgebrochen, wird es schwierig, den weiteren Verlauf der Dinge im Griff zu behalten; man kann nicht kontrollieren, wer am Ende die Verletzung davonträgt. Wut kann eine Spur von Reue und verpfuschten Beziehungen hinterlassen, die sich von einer Generation zur nächsten vererbt. Schlimmstenfalls führt dies zu Gewalt und Krieg. Dann muss man sehr tiefe Geduld entwickeln, um das Geschehene hinter sich lassen zu können und diesen Teufelskreis zu durchbrechen.

Geduldig sein heißt, das anzunehmen, was hier und jetzt „ist", anstatt böse und aufgebracht zu reagieren. Das ist nicht einfach. Wir scheinen nicht für Zufriedenheit geschaffen zu sein, weder auf geistiger noch auf körperlicher Ebene. Unser Körper zeigt alle fünf Minuten irgendwelche Bedürfnisse oder kleine Probleme, und unser Geist ist äußerst schnell beleidigt. Geduld verlangt Beweglichkeit sowie die Einsicht, dass nicht immer alles unseren Vorstellungen entsprechend verlaufen kann und dass die Dinge sich erst mit der Zeit verändern.

Oft lernen wir am meisten in unangenehmen Situationen, vorausgesetzt, wir sind dazu bereit, uns nicht von unserem Weg abbringen zu lassen. Wir brauchen eine besondere Art von Geduld, um Ereignissen ihren Lauf zu lassen, sodass die Dinge „reifen" können. Es gilt, offenzubleiben, auch wenn die Entwicklungen in eine unerwartete Richtung gehen und etwas anderes entsteht, als das, wofür wir uns anfänglich einsetzten.

„Falls dich eine Situation bedrückt und du sie ändern kannst, so tue es! Wenn das nicht möglich ist, dann höre auf, dir darüber Sorgen zu machen!", empfiehlt der Dalai Lama. Wie oft werden wir ärgerlich wegen etwas Unausweichlichem, wie zum Beispiel Krankheit oder Tod?

Es ist bezeichnend für die Wut, dass sie völlig gerechtfertigt zu sein scheint. Die Vielfalt der Ursachen für unsere Wut lässt jedoch darauf schließen, dass sie eher unseren Gedanken entspringt als irgendwelchen äußeren Umständen. Ein Ereignis, das am Montag unseren Seelenfrieden stört, lässt uns am Dienstag oder einen Monat später unberührt. Für den einen ist es Grund, sich zu erzürnen, für den anderen nicht der Rede wert. Manchmal muss man nur die Perspektive wechseln, um das ganze Bild zu verändern.

Wann können wir uns daran machen, Geduld zu entwickeln? In den ruhigen Momenten, wenn wir Abstand zu der Person oder den Umständen haben, die uns aufbringen. Wenn die Möglichkeit besteht, tief durchzuatmen und die verworrenen Gefühle loszulassen. Wenn wir den inneren Raum finden und die Aufrichtigkeit, um zugeben zu können, dass auch wir selbst vielleicht ungeschickt gehandelt haben.

Ein indischer Meister des achten Jahrhunderts namens Shantideva gab folgenden Rat: Es wird immer wieder Dinge geben, die uns ärgern und plagen, so wie es auf dem Boden, auf dem wir gehen, immer Unebenheiten geben wird. Besser ist es aber, unsere Füße mit Leder zu bekleiden, als die ganze Welt mit Leder überziehen zu wollen, um sie weich und bequem für uns zu machen.

Können wir unsere Gewohnheiten ändern? Wenn wir entschieden genug sind, kann jede Provokation zu einer Chance werden – wir brauchen unserem Verdruss nicht nachzugeben, wir können ihn auch überwinden. Geduld lässt sich schließlich nur erlernen, wenn es etwas gibt, was uns ärgert. Wenn wir erwarten, unser Leben müsse ohne Schwierigkeiten ablaufen, so ist sind wir einem Irrtum verfallen.

Eine wahre Geschichte

Im April 1999 erlitt die dreijährige Isabel Maude multiples Organversagen und einen Herzstillstand, weil die Ärzte die lebensbedrohlichen Symptome der nekrotisierenden Fasziitis, einer bakteriellen Erkrankung, die zur Zerstörung von Gewebe führt, nicht schnell genug erkannt hatten. Isabel überlebte zwar, behielt aber eine große Wunde im Bauch- und Leistenbereich zurück, die mit einer Vielzahl von Eingriffen der plastischen Chirurgie behandelt werden musste. Ihre Eltern, Charlotte und Jason Maude, beschlossen, keine Klage gegen die englische Gesundheitsbehörde zu erheben. „Wir leben in einer Schuld-Gesellschaft, in der jeder annimmt, man müsse jemanden verklagen, wenn etwas schiefgeht. Ja, Isabel hatte es wegen der Operation und anschließenden Deformation schwer, aber Geld nutzt hier auch nicht. Mit einer Klage hätten wir erreicht, dass ein paar Ärzte ihren Beruf nicht mehr ausüben können. Es schien uns irgendwie rachsüchtig. Wir haben den Ärzten vergeben, dass sie die potenziell tödlichen Symptome nicht erkannt haben. Diese jungen Ärzte, die gerade erst ihre Ausbildung abgeschlossen haben, haben ganz einfach nicht genug Erfahrung, um lebensbedrohlich erkrankte Kinder diagnostizieren zu können." Stattdessen haben sie mit Hilfe des Kinderarztes, der Isabels Leben gerettet hat, die Webseite www.isabelhealthcare.com geschaffen, die Mediziner weltweit dabei unterstützt, Diagnose-fehler zu vermeiden und die Patientenfürsorge zu verbessern.

(Dieser Textabschnitt wurde hier mit Genehmigung des Forgiveness Project wiedergegeben. www.theforgivenessproject.com)

Übung

Gibt es jemanden, der dich sehr ärgert? Nimm dir fünf Minuten Zeit, um an einem ruhigen Ort darüber nachzudenken, was genau dir auf die Nerven geht. Ist es vielleicht ein Wesenszug dieser Person, den du an dir selbst nicht annehmen kannst? Kannst du diese Erkenntnis dazu verwenden, etwas mehr Distanz in dieser Angelegenheit zu gewinnen?

Betrachtung

- Suche einen ruhigen Ort, an dem du dich entspannen kannst. Setze dich bequem hin und konzentriere dich auf deinen Atem. Kommen Gedanken, Bilder und Gefühle auf, so lasse sie einfach ziehen. Wenn dich etwas ablenkt, bringe deine Aufmerksamkeit zum Ein- und Ausatmen zurück. Genieße dieses Zur-Ruhe-Kommen einige Minuten lang.

- Lasse eine Verbindung zur Geduld und zum Mitgefühl entstehen, die tief in deinem Herzen wohnen. Stelle dir vor, wie dein Herz von diesen Eigenschaften ganz ausgefüllt wird, und genieße den dabei entstehenden Frieden.

- Stelle dir jemanden vor, mit dem du im Moment Mühe hast. Visualisiere diese Person, wie sie vor dir steht, und nimm ihre Anwesenheit an. Falls das Schwierigkeiten bereitet, beobachte für einige Minuten wieder deinen Atem, bis du dich wieder entspannt fühlst. Gehe behutsam mit dir und deinem Gegenüber um. Kannst du Geduld und Mitgefühl in deinem Herz beibehalten?

- Erinnere dich an eine Situation, in der die Person in einer Weise agierte oder redete, die dich störte. Stelle dir die Aufregung vor, die sie dabei empfand. Stelle dich dem Leiden, das sie in diesem Moment verspürte. Gehe dabei langsam und vorsichtig vor, voller Geduld und Mitgefühl.

- Erinnere dich an einen Moment, in dem du dieser Person gegenüber Wut, Eifersucht oder ein anderes aufwühlendes Gefühl verspürtest. Wie fühlte sich das in deinem Herzen an? Welche Auswirkung hatte es auf dich? Wie beeinflusste es diese Person? Hat jemand von euch beiden von dieser Situation profitiert?

- Versuche dir nun vorzustellen, dass diese Person einen Streit mit dir beginnen will. Experimentiere mit dem Vorsatz, dabei bereitwillig zurückzustecken. Entschließe dich, nicht zu widersprechen, nicht gewinnen oder das Verhalten der Person kontrollieren zu wollen. Nimm dir vor, einfach freundlich, offen, geduldig und mitfühlend zu sein.

- Vertraue dich diesem Vorgang an und genieße ihn. Wie fühlt es sich an?

- Beende die Übung mit dem Wunsch „Mögen alle Wesen glücklich sein!"

Zitate

Mit geballter Faust kann man niemandem die Hand geben.
Indira Ghandi, Indien

Hast du Geduld zu warten, bis der Schlamm sich setzt und das Wasser klar wird? Kannst du reglos verharren, bis die rechte Handlung von selbst erscheint?
Lao-Tse, China

Ich würde die Wut nicht als einen Fremdkörper betrachten, den es zu bekämpfen gilt ... Ich muss meiner Wut mit Achtsamkeit, Liebe, Zärtlichkeit und ohne Gewalt begegnen.
Thich Nhat Hanh, Vietnam

Quellen

- www.dalailama.com ist die offizielle, englischsprachige Webseite des Dalai Lama, der in Dharamsala, Indien, lebt.

- „Das Buch der Menschlichkeit: Die neue Ethik für unsere Zeit“ des Dalai Lama erklärt seine weltliche Vision (Bastei-Lübbe).

- „Das Buch der Freiheit: Die Autobiografie des Friedensnobelpreisträgers“ erzählt die Lebensgeschichte des Dalai Lama (Bastei-Lübbe).

- Dalai Lama, Healing Anger: The Power of Patience from a Buddhist Perspective (Ithaca, N.Y.: Snow Lion Publications, 1997)

- Der Film „Kundun“ des Regisseurs Martin Scorsese mit Tenzin Thuthob Sarong, 1998 (erschienen auf DVD bei Arthaus, 2007)

03 Zufriedenheit

Auf dieser Welt gibt es genug für jedermanns Bedürfnisse, aber nicht genug für jedermanns Gier.
Mahatma Gandhi, Indien

WAS IST ZUFRIEDENHEIT?

Der Geisteszustand der Zufriedenheit hat nichts mit Geld, Besitzobjekten oder anderen Menschen zu tun. Er hängt nicht davon ab, wie viel oder wie wenig wir besitzen, sondern davon, ob wir in uns einen Ruhepunkt finden, der es uns erlaubt, in jeder Situation ausgeglichen und zufrieden zu sein.

Was zeichnet die Erfahrung von Zufriedenheit aus? Sie kann so einfach und doch so umwälzend sein wie ein Einatmen, auf das ein Ausatmen folgt, bei dem wir uns entschließen, alles loszulassen, was uns ängstigt und unzufrieden macht. Versuche, ganz ruhig zu bleiben, sei es im Verkehrsstau, während einer Auseinandersetzung oder wenn du den Tränen nahe bist. Lasse den Tumult der Welt einfach zur Ruhe kommen. Kannst du die Erfahrung des Loslassens und Annehmens spüren?

Wenn wir nicht lernen, im Moment zu leben und ihn so zu akzeptieren, wie er ist, werden wir vielleicht nie richtig für andere nützlich werden können oder uns nie ganz lebendig fühlen. Zufriedenheit befreit uns von der Ruhelosigkeit, die durch unsere vielen unbewussten Begierden entsteht und uns daran hindert, die Bedürfnisse und Gaben anderer wahrzunehmen. Sie erlaubt es uns, unsere Energie bewusster und auf ganz neue Art einzusetzen. Können wir uns trotz der Hast und der vielen Sorgen des modernen Lebens an der Zufriedenheit erfreuen?

WARUM MAHATMA GANDHI?

Mahatma Gandhi gab seine Karriere als Anwalt auf, um sich für Gerechtigkeit und sozialen Frieden einzusetzen. Konkret engagierte er sich in der Armutsbekämpfung, für religiöse Toleranz, wirtschaftliche Unabhängigkeit, die Rechte der „Unberührbaren" und – vor allem – für „swaraj", die indische Unabhängigkeit von den Kolonialmächten. Sein wichtigstes Vermächtnis besteht aber nicht allein in seinen Taten, sondern auch in der Art, wie er lebte. Seine Lebensführung brachte ihm den Titel „Mahatma" oder „große Seele" ein.

Gandhi interessierte sich sehr für die Zufriedenheit bzw. Genügsamkeit, die für ihn mit der Rückkehr zu traditionellen Werten und einer einfacheren Lebensart zu tun hatten. „Im Leben geht es nicht nur darum, die Geschwindigkeit zu erhöhen", sagte er. Er verband die Rolle des internationalen Staatsmannes mit einem sehr disziplinierten spirituellen Lebensstil, der lebenslange vegetarische Kost, einen wöchentlichen Schweigetag, sexuelle Enthaltsamkeit und regelmäßiges Fasten beinhaltete. „Mein Leben ist meine Botschaft", sagte er, „wir müssen selbst die Veränderung verkörpern, die wir in der Welt sehen wollen."

Das augenscheinlichste und einprägsamste Beispiel Gandhis persönlicher Verpflichtung zu einem einfachen Lebensstil war sein Entschluss, sich mit dem traditionellen indischen „dhoti" oder Lendentuch zu kleiden. Er entschloss sich auch, es selbst zu weben. Während eines Besuchs in Großbritannien wurde ihm Respektlosigkeit vorgeworfen, als er bei einem Treffen mit König Edward VIII. nicht mehr anhatte. „Der König trug genug für uns beide", war Gandhis Antwort.

Gandhis Bekenntnis zur Einfachheit durchzog sein ganzes Leben. Im politischen Leben stand sie symbolisch für den Unterschied zwischen traditionellen indischen Werten und denjenigen der britischen Kolonialherren. Im sozialen und wirtschaftlichen Bereich ermutigte er die Inder, sich gegenseitig als gleichwertig anzusehen, unabhängig von Kaste, wirtschaftlichem Status oder religiöser Einstellung. Er war zudem ein engagierter Befürworter einer nachhaltigen Lebensweise.

Einfachheit ist nicht dasselbe wie Zufriedenheit, auch wenn sich die beiden Qualitäten oft gegenseitig verstärken. Jemand könnte einwenden, dass Gandhi zeitlebens nicht mit der politischen und wirtschaftlichen Entwicklung Indiens zufrieden war. Er konnte auch sehr kritisch gegen sich selbst sowie andere sein und war stets bereit, sich Gehör zu verschaffen und Veränderungen anzuregen. Dennoch zeichnete ihn auf persönlicher Ebene eine tiefe Zufriedenheit aus, die seiner Fähigkeit, in der Welt aktiv zu sein, offenbar zugrunde lag.

WIE FÜHRT ZUFRIEDENHEIT ZU GLÜCK?

Mangel an Zufriedenheit kann erschreckende Folgen haben. Unsere Gewohnheiten als unzufriedene Verbraucher stellen das Überleben des gesamten Planeten infrage. Unsere Schwierigkeit, langfristige Beziehungen aufrechtzuerhalten, führen zu Einsamkeit und zum Auseinanderbrechen von Familien. Unsere Unfähigkeit, als Staaten friedlich zusammenzuleben, hat militaristische Kulturen geschaffen, die sich sogar in den Weltraum hinein ausbreiten.

Die Gewohnheit, ständig mehr zu wollen, verstopft unseren Geist und lenkt ihn ab. Die Begierde vervielfältigt sich selbst – immer mehr, immer schneller – bis wir selbst das Objekt oder das Empfinden, das wir anstreben, vollkommen aus den Augen verlieren. Unserem unzufriedenen Geist erscheint das Fest, das wir verpasst haben, oder die Beziehung, die nicht funktioniert hat, als die beste, aufregendste und verlockendste Sache der Welt.

„Weniger Begehren bedeutet weniger Schmerz", sagt Lama Zopa Rinpoche, ein tibetisch-buddhistischer Lehrer. Wenn wir erkennen, dass wir übertreiben und zwanghaft werden, so sollten wir das als Warnzeichen sehen, um innezuhalten. Was passiert da eigentlich gerade? Unsere eigene Weisheit sagt uns, dass dieses unablässige Wünschen und Hoffen uns nie Frieden bringen wird.

Gibt es jemanden, der sich nicht danach sehnt, zufrieden zu sein? Einfache Sätze wie „Ich gebe mein Bestes" oder „Alles ist in Ordnung, du hast getan, was du konntest", zählen zu den liebenswürdigsten Worten, die wir zu uns selbst, Freunden oder Kollegen sagen können. Diese Zufriedenheit erzeugt eine stille Freude, die durch ein freundliches Lächeln und einen sanften Blick zum Ausdruck kommt. Sie entspringt einem ruhigen inneren Ort, wo alles seinen Platz hat; der Drang, sich äußern oder etwas unternehmen zu müssen, fehlt – außer es gibt einen wirklich guten Grund dafür. Jemand, der wirklich zufrieden ist, hat keinen Hang dazu, andere zu verletzen oder auszunützen.

Freunde und Angehörige eines solchen Menschen, die dessen Friedfertigkeit spüren, fühlen sich zu dieser Person hingezogen, wenn sie Ruhe oder eine Zuflucht brauchen. Zufriedenheit ist ein Gefühl tiefer innerer Ausgeglichenheit. Selbst wenn der Geist auf einer oberflächlichen Ebene sehr geschäftig ist, kann ein tieferer Teil von uns glücklich und zufrieden sein.

Zufriedenheit hat einen beruhigenden Einfluss und erlaubt uns so, unsere Energie zu bündeln und das Gefühl „nicht gut genug" zu sein zu besiegen, das oft unseren Erfolg untergräbt. Die Unzufriedenheit gleicht dagegen einem Papagei, der auf unserer Schulter sitzt und uns mit seinem unablässigen inneren Monolog ablenkt. „Wie fühlst du dich? Ist dir zu heiß oder zu kalt? Willst du lieber aufstehen oder liegen bleiben? Was willst du frühstücken?" Ermüdend, störend, endlos.

Hinter einem zwanghaften Verstricktsein in alltägliche Kleinigkeiten versteckten sich oft tiefe Unzufriedenheit und Traurigkeit, die sich anfühlen, als wären sie schon immer da gewesen. Wenn wir ständig über unseren Arbeitsweg, unser Liebesleben oder unsere Familie schimpfen, so heißt das normalerweise, dass wir eigentlich unzufrieden mit uns selbst sind.

Durch die Menschheitsgeschichte hindurch haben verschiedene spirituelle Lehrer empfohlen, für gewisse Zeiträume freiwillig weniger zu konsumieren und ein einfacheres Leben zu führen. In unserem modernen Leben können wir damit beginnen, indem wir unser Mobiltelefon ausschalten oder an einem Wochenende weniger unternehmen. Für andere ist es von Nutzen, zu Beginn oder am Ende des Tages ein wenig Zeit ungestört alleine verbringen zu können.

Einige Menschen entscheiden sich dafür, sich zu einer Klausur zurückzuziehen, um sich wenigstens für eine Zeit lang dem Diktat der alltäglichen Beschäftigung mit Essen, Trinken, Sich-Unterhalten, Lesen, Einkaufen und Fernsehen zu entziehen. Friedvolle Orte können uns dabei helfen, unsere Gedanken so weit zu entschleunigen, dass wir zumindest für eine Weile nichts mehr begehren.

Zufriedenheit wird oft missverstanden. Es geht nicht darum zu erstarren – in einer Welt, in der alles dauernd im Fluss ist. Es geht auch nicht um Passivität: Vielmehr kann sie uns befreien, sodass wir uns besser auf das konzentrieren können, was gut funktioniert. Sie schwächt uns auch keinesfalls. Wenn der Geist offener und flexibler wird, können Inspiration und Kreativität erst richtig aufblühen.

Eine Schülerin wurde von ihrem Tai-Chi-Lehrer gebeten, ein Ei zu halten und es auf keinen Fall fallen zu lassen. Sie hielt das Ei fest in ihrer Faust mit den Fingern nach unten, bis ihre Muskeln wehtaten. Je mehr der Lehrer die Schülerin daran erinnerte, das Ei auch ja nicht fallen zu lassen, desto fester hielt sie es. Schließlich nahm er ihre Hand, drehte sie um und öffnete sanft ihre Finger, sodass das Ei mühelos in der offenen Handfläche liegen konnte.

Eine wahre Geschichte

Jeffrey Lee, ein etwas scheuer 36-jähriger Stammesführer der australischen Ureinwohner, hat die Gelegenheit, einer der reichsten Männer der Welt zu werden, verstreichen lassen. Ein internationales Nuklearunternehmen plant den Abbau von 14.000 Tonnen Uranerz in einem Gebiet namens Koongarra, das er verwaltet. Das abgebaute Erz wäre mehr als dreieinhalb Milliarden Euro wert. „Ich bin nicht an Geld interessiert. Ich habe einen Beruf. Ich kann mir Verpflegung kaufen. Ich kann jagen und fischen gehen. Das ist alles, was für mich zählt", sagt Lee. Er setzt sich dafür ein, dass in diesem ökologisch sensiblen Land nie Erz abgebaut werden wird. „Dies ist mein Land, schau, es ist wunderschön, und ich fürchte, dass es jemand zerstört." (Lindsay Murdoch, © 2007, The Age Newspaper, Melbourne, genehmigter Abdruck)[1]

Übung

Fühlst du dich oft unruhig und unzufrieden? Wenn dich dieses Gefühl das nächste Mal überkommt, halte inne, anstatt dich in die nächste Aktivität zu stürzen. Widerstehe dem Impuls zu essen, trinken, rauchen, sprechen oder zu tun, was du sonst normalerweise tust. Atme einige Male tief durch und nimm die Dinge an, wie sie sind. Lasse dir dazu fünf Minuten Zeit. Wandeln sich dadurch deine weiteren Entscheidungen?

Betrachtung

- Suche einen ruhigen Ort, an dem du dich entspannen kannst. Setze dich bequem hin und konzentriere dich auf deinen Atem. Kommen Gedanken, Bilder und Gefühle auf, so lasse sie einfach ziehen. Wenn dich etwas ablenkt, bringe deine Aufmerksamkeit zum Ein- und Ausatmen zurück. Genieße dieses Zur-Ruhe-Kommen einige Minuten lang.

- Stelle dir etwas vor, an dem du zur Zeit haftest, einen Menschen, Nahrung, Kleider oder ein Ort. Visualisiere es, höre es, koste davon, berühre und ertaste es. Bringe deine ganze Aufmerksamkeit auf dieses Objekt und beobachte dabei, was geschieht. Spüre den Sog, den es auf deinen Geist ausübt. Lege es dann beiseite.

- Stelle dir nun etwas vor, gegen das du gerade einen starken Widerwillen verspürst. Dies kann ein Nahrungsmittel sein, das dir widersteht, ein Mensch, der dir auf die Nerven geht, ein deprimierender Ort oder ein Lied, das dich irritiert. Wie reagiert dein Geist? Wenn das Objekt einen Geschmack hat, spüre ihn auf der Zunge. Wenn es berührt werden kann, stelle dir vor, du reibst deinen Arm daran. Behalte das Gefühl der Abneigung so lange wie möglich bei und nimm alle Regungen deines Geistes wahr. Lege es dann beiseite.

- Versuche nun, dich an einen Moment zu erinnern, in dem du völlig zufrieden warst – wie ein Baum, dem der stärkste Wind nichts anhaben kann. Wie hat es sich angefühlt? Wie hat sich dieses Gefühl auf dein Verhalten und deine Entscheidungen ausgewirkt?

- Denke über die soeben gemachten Erfahrungen nach. Wie oft wird dein Geist von den Sinnen überwältigt? Wie schnell springt er von einer Sache zur nächsten? Wie wirkt sich das auf dein Verhalten und deine Beziehungen aus? Möchtest du friedlicher und zufriedener werden? Lasse dir Zeit für deine Schlussfolgerungen, wie auch immer sie sein mögen; lasse zu, dass sie sich vertiefen.

- Beende die Übung mit dem Wunsch „Mögen alle Wesen glücklich sein!"

Zitate

Genügsamkeit ist natürlicher Reichtum,
Luxus künstliche Armut.
Sokrates, Griechenland

Strebe nicht danach, mehr zu haben,
sondern danach, mehr zu sein.
Erzbischof Oscar Romero, El Salvador

Jeder schlaue Narr kann die Dinge größer,
komplexer und gewalttätiger machen.
Aber man braucht eine gewisse Genialität –
und eine Menge Mut –, um in die gegenteilige
Richtung zu gehen.
E.F.Schumacher, Deutschland

Erst wenn der letzte Baum gerodet,
der letzte Fluss vergiftet, der letzte Fisch
gefangen ist, werdet ihr merken,
dass man Geld nicht essen kann.
Wahrsagung der Cree, Nordamerika

Quellen

- www.mahatma.org.in ist das offizielle, englischsprachige Archiv über Mahatma Gandhi.

- Die GandhiServe Stiftung vertreibt Texte, Bücher, Fotos sowie Audio- und Videodokumente unter www.gandhiserve.de. Die englischsprachige Webseite www.gandhiserve.org liefert weitere Informationen.

- Mohandas Karamchand Gandhi. Eine Autobiografie oder Die Geschichte meiner Experimente mit der Wahrheit. (Verlag Hinder + Deelmann, Gladenbach, 2005)

- Louis Fischer. Gandhi. Prophet der Gewaltlosigkeit. (Heyne-Verlag, München, 1998)

- Der Film „Gandhi" mit Ben Kingsley, Regie: Richard Attenborough, 1982 (2001 auf DVD erschienen)

Anmerkung

1 Siehe auch: www.dradio.de/dkultur/sendungen/profil/717558/

04 Freude

Jeder Einzelne zählt, jeder Einzelne spielt eine Rolle, jeder Einzelne bewirkt etwas.
Jane Goodall, Großbritannien

WAS IST FREUDE?

Freude ist das köstliche Gefühl, das sich einstellt, wenn etwas Gutes geschieht. Ängste verfliegen, Frustrationen lösen sich auf, Ärger verpufft, wenn ein Kind gesund zur Welt kommt, ein Freund eine Prüfung besteht oder ein Konflikt beigelegt wird. Freude öffnet das Herz.

Freude kann unseren Geist und unser Leben verändern. Sie ist ein Heilmittel für den Schmerz des Neids und kann eine Depression beseitigen. Sie bringt uns näher zu den Menschen, die wir lieben, und mindert die Schwierigkeiten im Umgang mit jenen, die uns nicht so nahestehen.

Es ist so ungemein sinnvoll, sich in der Kunst der Freude zu üben, dass man sich nur darüber wundern kann, wie oft wir es vergessen. Warum fesseln uns schlechte Nachrichten meist mehr als gute? Warum sind wir versucht, uns auf das zu konzentrieren, was schiefläuft, statt auf das, was gelingt? Das eine zieht uns herunter, das andere muntert uns auf.

Wir können uns aussuchen, womit wir unser Herz und unseren Geist nähren. Wenn wir es schaffen, uns mehr auf positive Berichte und Erfolgserlebnisse zu konzentrieren, bringen wir sofort mehr Freude in unser Leben und das der anderen.

WARUM JANE GOODALL?

Jane Goodall hat sich seit ihrer Geburt an der Natur erfreut. Ihre Mutter Vanne erinnert sich daran, dass sie ihre eineinhalbjährige Tochter sanft davon abbringen musste, Würmer mit ins Bett zu nehmen. Wenige Jahre später erschreckte Jane die Erwachsenen, als sie stundenlang verschwunden blieb und im Hühnerstall unter einem Heuhaufen wartete, bis die Hühner ihre Eier legten. „Es war Janes erstes Tierforschungsprojekt", kommentierte ihre Mutter später.

Als Dr. Louis Leakey, ein bekannter Anthropologe und Paläontologe, Jane 1957 traf, fühlte er sich von ihrer natürlichen Begeisterungsfähigkeit und Freude angezogen. Er suchte eine Person für eine Studie über Schimpansen und war davon überzeugt, dass jemand, dessen Geist nicht wissenschaftlich verbildet war, eine neue Perspektive eröffnen könnte. Dies war der Durchbruch, auf den Jane gewartet hatte. Später sagte sie: „Die Schimpansen haben mir so viel gegeben. Die langen Stunden, die ich mit ihnen im Wald verbracht habe, haben mein Leben unendlich bereichert."

Dr. Goodall wurde kritisiert, weil sie den Schimpansen, die sie in Gombe, Tansania, beobachtete, Namen statt Nummern gab. Aber ihre Fähigkeit, sich zu freuen und empathisch mitzufühlen, war ein wesentlicher Aspekt ihrer wissenschaftlichen Methode. Der erste Schimpanse in Gombe, der seine Angst vor Jane verlor, war ein männliches Tier namens David Greybeard. Als sie eines Tages in seiner Nähe saß, sah sie eine Palmnuss am Boden liegen. In ihrer ausgestreckten Hand bot sie ihm die Nuss an. Zuerst schaute er weg, dann sah er ihr in die Augen. Er nahm die Nuss, ließ sie zu Boden fallen und drückte sanft ihre Hand. Sie hat diesen kurzen Moment als die herausragendste Erfahrung in ihrer jahrelangen Arbeit mit den Schimpansen beschrieben.

Jane glaubt daran, dass „wir unser Leben dafür verwenden können, die Welt zu einem besseren Ort zu machen", und gab schließlich ihre Forschungsarbeit auf, um sich als Umwelt- und Sozialaktivistin zu engagieren. Das Ziel des Jane Goodall Instituts ist es, „Einzelne dabei zu unterstützen, sich zielgerichtet und mitfühlend für die Verbesserung der Lebensbedingungen aller Lebewesen einzusetzen". Sie hat auch eine internationale Bewegung für Kinder und Jugendliche namens *Roots and Shoots* ins Leben gerufen. Sie sagt dazu: „Meine größte Hoffnung für die Zukunft liegt in der enormen Energie, dem Enthusiasmus und dem Mut, die viele junge Leute entwickeln, wenn sie die Probleme kennen und Gelegenheit zum Handeln bekommen. So ändern sie die Welt."[2]

WIE FÜHRT FREUDE ZU GLÜCK?

Es gibt jeden Tag unzählige Gelegenheiten, die positiven Dinge im Leben zu genießen. Kleine Kinder tun dies ganz von selbst – oft entsteht Freude, wenn wir mit ihnen zusammen sind, während sie voller Energie umherrennen und ihre Umwelt erkunden. Wie können wir diese grundlegende Fähigkeit wieder neu erlernen?

Es gibt vieles in der Welt, das uns traurig stimmt, es gibt aber auch einiges, worüber wir uns freuen können. Diejenigen, die das erkannt haben, wirken sehr anziehend auf andere Menschen. Wer wünscht sich nicht Freunde, die sich aufrichtig freuen, wenn etwas Gutes geschieht, und die wie ein Fels in der Brandung stehen, wenn wir in Schwierigkeiten sind? Wer wird sich nicht in die Gesellschaft jener begeben, die uns aufmuntern und uns aus unserem gewohnheitsmäßigen Hamsterrad der alltäglichen Sorgen befreien? Die besten Beziehungen mit anderen ergeben sich dann, wenn wir lachen und lächeln können und mit offenem Herzen zusammen sind.

Es kann passieren, dass wir gerade dann am meisten jammern und klagen, wenn im Leben alles rund läuft. Menschen scheinen in Krisenzeiten – wie Krieg und Exil – instinktiv zu lernen, sich gegenseitig aufzumuntern. Jene, die eine Tragödie oder eine lebensbedrohliche Krankheit durchlebt haben, können oft besonders unbeschwert feiern. Sie legen mehr Wert auf die einfache Freude des Lebendigseins.

Wenn wir uns an positiven Geschichten und den angenehmen Dingen des Alltags nicht mehr erfreuen können, zeigt das eindeutig, dass wir zu sehr in unseren eigenen Problemen und Schwierigkeiten verstrickt sind. Es kann sehr ermüdend und deprimierend sein, wenn der Geist sich zwanghaft im Kreis dreht – wie ein Schauspieler, der eine negative Rolle einstudiert, oder ein Auto, das nicht mehr aus dem Verkehrskreisel herauskommt. Um ein Problem zu lösen, brauchen wir oft einen völlig neuen Blickwinkel. Können wir einfach nur wahrnehmen und dann unsere Perspektive verändern?

Freude hilft uns nicht nur dabei, mit unseren negativen Gedanken über uns selbst umzugehen, sondern auch mit den oft schwierigen und schmerzlichen Gefühlen, die wir anderen entgegenbringen. Niemand ist gegen den Stress des Konkurrenzdenkens oder das Gift der Missgunst gefeit. Es ist keineswegs angenehm zu spüren, wie sich unsere Hände verkrampfen, unsere Kehle zuschnürt und unser Blick erstarrt. Schmerzliche Vergleiche erscheinen immer wieder ungebeten vor unserem inneren Auge. Selbst wenn sie ganz und gar unvernünftig sind, können sie leicht dazu führen, dass sich unsere Stimmung verdüstert und wir nicht mehr wissen, wie wir da herausfinden können.

Wie ein frischer Wind kann Freude eine negative Geisteshaltung wegblasen und Platz für eine offene, gelassene Einstellung schaffen. Die Herausforderung liegt darin, nicht bei unseren Gefühlen von Mangel zu verweilen, sondern uns bewusst am Glück unserer Mitmenschen zu erfreuen: an ihrer Gesundheit und Schönheit, ihrer glücklichen Familie, ihrem schönen Garten oder prestigereichen Beruf. Hier finden wir schier unerschöpfliches Material; es gibt immer etwas, an dem wir uns freuen können. Wenn wir lernen, uns zu freuen, vermindern sich unsere bösartigen Gedanken von selbst und lösen sich schließlich ganz auf. Jedes Mal wenn wir das spannende Erlebnis haben, unsere negativen Gefühle zu besiegen, steigt unser Selbstvertrauen. Mit etwas Übung entstehen sie vielleicht gar nicht mehr.

Zu Beginn mag es uns seltsam und gekünstelt vorkommen, wenn wir uns bewusst freuen, aber die Belohnung kommt rasch. Ob bei Gesprächen auf einer Party, neben der Kaffeemaschine im Büro, in einem Bus oder Zug – wenn wir das Positive heraushören, können wir uns ganz entspannt daran erfreuen. Falls wie merken, wie wir uns verspannen, wenn jemand befördert wird oder sich ein neues Auto kauft, können wir stattdessen üben, uns für diese Person zu freuen und die Vergleiche mit uns selbst aufgeben.

Freude wirkt leicht und doch ist sie eines unserer mächtigsten Hilfsmittel zur inneren Wandlung. Wenn wir lernen, in ihrer Innigkeit zu verweilen, hilft uns die Freude, das nötige Selbstvertrauen und die nötige Energie zu entwicklen, damit wir so leben und uns so verhalten, wie es unseren tiefsten Wünschen entspricht.

Betrachtung

- Suche einen ruhigen Ort, an dem du dich entspannen kannst. Setze dich bequem hin und konzentriere dich auf deinen Atem. Kommen Gedanken, Bilder und Gefühle auf, so lasse sie einfach ziehen. Wenn dich etwas ablenkt, bringe deine Aufmerksamkeit zum Ein- und Ausatmen zurück. Genieße dieses Zur-Ruhe-Kommen einige Minuten lang.

- Beginne damit, dich über die guten Dinge zu freuen, die du bisher getan hast. Denke an deine positiven Eigenschaften wie Freundlichkeit, Geduld oder Großzügigkeit und an die

Momente, in denen du damit anderen geholfen hast. Lasse dich vom Gefühl der Anerkennung all des Positiven erwärmen.

- Wende deine Aufmerksamkeit nun auch den Menschen zu, die dir nahestehen. Freue dich an ihren positiven Eigenschaften und wie sie sich auf verschiedene Weise um dich und umeinander kümmern. Genieße diese Freude.

- Wende deine Aufmerksamkeit nun noch mehr nach außen und freue dich an der Hilfsbereitschaft von Menschen, die du vielleicht gar nicht kennst: Lehrpersonen in der Schule, medizinisches Personal in Krankenhäusern, Eltern zu Hause. Gibt es irgendjemanden, der überhaupt nichts zum Wohlergehen anderer beiträgt?

- Denke an die Menschen, die sich für eine bessere Welt einsetzen: für Gerechtigkeit, Gleichberechtigung, für den Frieden, die Umwelt und gegen Armut. Rufe dir ihr Engagement in Erinnerung: „Wie hervorragend ist dies doch alles!" Denke an die Lebensgeschichten der Heiligen der verschiedenen religiösen Traditionen, die ihr Leben der spirituellen Praxis und dem Dienst an anderen widmeten. Erfreue dich an ihren Qualitäten und Taten.

- Versuche schließlich, dich an allem Guten zu erfreuen, das du und andere in der Vergangenheit, Gegenwart und Zukunft getan haben und tun werden. Kannst du dieses Gefühl der Wärme auf das ganze Universum ausdehnen, indem du über die Grenzen von Raum und Zeit hinausgehst?

- Was würde passieren, wenn du dich regelmäßig so freust?

- Beende die Übung mit dem Wunsch „Mögen alle Wesen glücklich sein!"

Eine wahre Geschichte

Im Januar 2007 kam ein ungepflegter Mann aus der U-Bahn der amerikanischen Hauptstadt Washington, gekleidet in Jeans, T-Shirt und Baseballmütze. Er hob eine unerschwingliche Stradivari-Geige an sein Kinn. Es war der Höhepunkt der morgendlichen Stoßzeit, und 1097 Menschen gingen an ihm vorbei, während er 43 Minuten lang sechs der beeindruckendsten Stücke des Geigenrepertoires spielte. Das Experiment „Perlen vor dem Frühstück" wurde von der Zeitung Washington Post organisiert, um herauszufinden, ob Joshua Bell, einer der besten Musiker der Welt, imstande war, die Menschen auf ihrem Arbeitsweg kurz innehalten zu lassen. Die Antwort lautet: eigentlich nicht. Es dauerte sechs ganze Minuten, bevor überhaupt jemand stehen blieb, und er bekam nur Kleingeld zugeworfen. Wenn Kinder vorbeigingen, fühlten sie sich ganz offensichtlich zur Musik hingezogen, wurden dann aber von den Erwachsenen, die sie begleiteten, weitergezerrt.

Gene Weigarten, „Pearls Before Breakfast", The Washington Post, 8. April 2007, © 2007, The Washington Post Writers Group

Übung

Wann hast du zuletzt wahre und vollkommene Freude verspürt? Kannst du dich – ohne jegliche Vorbehalte – an etwas erfreuen, das heute passiert? Beende den Tag, indem du diese Momente feierst, anstatt über Probleme und Schwierigkeiten nachzudenken.

Zitate

Mir tun Menschen leid, die ihr Leben aufteilen in Dinge, die sie gern machen, und solche, die sie eben machen müssen. Ihr seid nur für kurze Zeit auf diesem Planeten, Freunde. Lernt zu mögen, was ihr gerade macht.
Russel Crowe, Australien

Wenn du ganz alleine im Universum wärest, mit niemandem reden könntest, wenn niemand da wäre, mit dem du die Schönheit der Sterne teilen könntest, mit dem du lachen, den du berühren könntest, was für einen Sinn hätte dein Leben dann? Es sind die anderen Lebewesen, es ist die Liebe, die deinem Leben Sinn gibt.
Misugo Saotoge, Japan

Träume als würdest du ewig leben,
lebe als würdest du heute sterben.
James Dean, USA

Quellen

- www.janegoodall.ch und www.janegoodall.at sind die deutschsprachigen Webseiten des Jane Goodall Instituts. Die englischen Seiten sind zu finden unter www.janegoodall.org und www.rootsandshoots.org, dem zugehörigen Jugendprogramm.

- Jane Goodall, Wilde Schimpansen, (Rowohlt, Reinbek bei Hamburg, 1991; Originaltitel: In the Shadow of Man) beschreibt die frühen Jahre ihrer Schimpansenforschung in Tansania.

- Jane Goodall, Grund zur Hoffnung, (Goldmann, München, 2001; Originaltitel: Reason for Hope) beschreibt „die Reise eines Menschen durch fünfundsechzig Erdenjahre".

- Dale Peterson, The Woman who Redefined Man (Boston: Houghton Mifflin, 2006) ist die erste offizielle Biografie über Jane Goodall.

- Filme: „Jane Goodalls wilde Schimpansen" des Regisseurs David Lickley (erschienen 2003) und „Jane Goodall: Return to Gombe" (erschienen auf DVD, Sony Pictures Home Entertainment, 2005)

Anmerkung

2 Zitate siehe www.janegoodall.ch → Grund zur Hoffnung

Wie wir handeln

Jede hilfreiche Handlung schafft eine bessere Welt.

Das menschliche Leben besteht einzig und allein aus Millionen und Abermillionen von Handlungen;Taten von Körper, Rede und Geist finden in jeder Minute unseres Tages statt, von der Geburt bis zu unserem letzten Atemzug. Wie wir handeln, definiert und bedingt daher die Qualität unseres Leben und unserer Erfahrungen.

Bevor wir etwas Wichtiges in die Tat umsetzen, etwa wenn wir Entscheidungen über eine Arbeitsstelle, einen Wohnort oder eine neue Beziehung treffen müssen, erwägen die meisten von uns sorgfältig, ob sie dadurch das ersehnte Glück erlangen oder nicht. Sogar wenn wir nur unseren Urlaub planen, versuchen wir vorher herauszufinden, ob er uns das an Komfort, Aktivitäten oder guter Gesellschaft bieten kann, was wir brauchen. Zuerst denken wir nach, dann handeln wir. Wir verrichten aber auch täglich unzählige kleine Handlungen, denen wir nicht die volle Aufmerksamkeit widmen.

Viele kleine Handlungen beruhen auf Gewohnheit. Sie ist der Grund dafür, dass wir in ein bestimmtes Geschäft oder Restaurant gehen, bestimmten Personen ausweichen oder eine bestimme Zeitung lesen. Von jungen Jahren an entwickeln wir Verhaltensmuster, die ihre entsprechenden Auswirkungen haben. So wie ein Apfelbaum nur aus einem Apfelkern wächst, so stimmt das Ergebnis einer Handlung immer mit der Ursache überein. Wie oft jedoch überdenken wir, ob unsere Gewohnheiten und Muster wirklich die gewünschten Ergebnisse bringen? Sind sie sinnvoll? Führen sie zu Glück und Zufriedenheit?

Nicht nur unser eigenes Wohlergehen hängt davon ab, zu welchem Handeln wir uns entschließen, sondern auch das der anderen. Wir haben die Wahl, mittels unserer Handlungen zum Gedeihen von Freundschaften, Familien, Gemeinschaften und der Gesellschaft insgesamt beizutragen – oder Leid und Zwietracht zu säen. Jede geringste unserer Taten löst eine Kette von Ereignissen aus. Je genauer wir das verstehen, desto mehr spüren wir die Notwendigkeit, sehr sorgsam darauf zu achten, wie wir denken und handeln, denn schließlich können die Konsequenzen sehr komplex und folgenschwer sein.

Sowohl der Verstand wie auch die Erfahrung lehren uns, dass gewisse Taten zu Wohlergehen führen, während andere Kummer und Chaos verursachen. Wenn wir diese Zusammenhänge einmal begriffen haben, können wir nicht mehr „die Welt" oder Kräfte, die jenseits unseres Wirkungskreises liegen, für unsere Lebensumstände verantwortlich machen. Wir müssen unsere eigene Rolle erkennen und mehr Verantwortung für unser Verhalten übernehmen. Indem wir in unserem Handeln vier Aspekten – nämlich Güte, Ehrlichkeit, Großzügigkeit und Achtsamer Rede – gebührende Aufmerksamkeit schenken, schaffen wir eine zuverlässige Grundlage für unser eigenes Glück und das der anderen.

05 Güte

Die Armut des Westens ist Einsamkeit und Gleichgültigkeit. Es gibt den Hunger nach gewöhnlichem Brot, aber auch Hunger nach Liebe, Güte und Rücksichtnahme – dies ist die große Armut, an der die Menschheit so sehr leidet.
Mutter Teresa, früher Ottomanisches Reich (heute Mazedonien)[3]

WAS IST GÜTE?

Die Güte sagt: „Ich möchte, dass du glücklich bist." Gütig zu sein bedeutet freundlich, fürsorglich, großzügig, wohlwollend, rücksichtsvoll, respektvoll, gerecht und herzlich zu sein. Wir alle erkennen, wenn wir Güte empfangen oder weitergeben, weil es uns dabei warm ums Herz wird. Gibt es irgendjemanden, der keine solche positive Zuwendung von anderen erfahren möchte?

Güte gibt uns jene Art von spezieller Weisheit, die erkennt, wann der richtige Moment dafür gekommen ist, etwas zu sagen oder zu tun. Sie findet sich in kleinen Details – in einer feinen Berührung der Wange oder darin, dass uns jemand beim Überqueren der Straße hilft. Wenn wir den Augenkontakt einen Moment länger halten oder jemanden spontan anrufen. Wenn wir uns an die Kleinigkeiten erinnern, die jemandem Freude bereiten.

Wenn wir gütig handeln, mag es zuerst den Anschein haben, dass wir das Glück der anderen dem eigenen voranstellen, aber dem ist in Wirklichkeit nicht so. Güte erzeugt immer ein positives Gefühl, verleiht uns Schwung und bereichert uns auf eine Art und Weise, die wir uns nicht immer eingestehen. Sie kommt allen zugute.

Ist es möglich, sich eine Welt vorzustellen, in der alle einander wohlwollend begegnen? Kann man Güte erlernen? Wie können wir gütiger werden?

WARUM MUTTER TERESA?

Mutter Teresa widmete ihr Leben der Menschenliebe und Güte. Sie gründete die „Missionarinnen der Nächstenliebe", um denjenigen zu helfen, die alle anderen übersehen hatten. Als sie den Friedensnobelpreis erhielt, verwendete sie das Geld, mit dem ein festliches Bankett finanziert werden sollte, für eine Mahlzeit für die Armen in Indien. Dies sind nur zwei Beispiele für ihre ausgeprägte Leidenschaft, anderen zu helfen. „Ich bin zu einer paradoxen Erkenntnis gekommen: Wenn ich bis zur Schmerzgrenze liebe, ist da gar kein Schmerz, sondern nur noch mehr Liebe", sagte sie.

Obwohl sie heute weltberühmt ist, blieb Mutter Teresas gütiges Engagement auf einer menschlichen Ebene. Ihr Rat war: „Wir können keine großen Dinge vollbringen, sondern nur kleine Dinge mit großer Liebe." Jemandem riet sie: „Wenn Sie nicht hundert Menschen Essen geben können, tun Sie es eben nur für einen." Einem anderen, der fragte, was er für den Weltfrieden tun könne, antwortetet sie: „Gehen Sie heim und lieben Sie ihre Familie."

Mutter Teresas Engagement war nicht unumstritten. Ihr wurde vorgeworfen, dass es ihr nicht gelang, Menschen aus der Armut zu befreien, und dass sie keine strategischen Ziele für die Zukunft hatte. Solche Kriterien wurden Mutter Teresas ureigenster Rolle wahrscheinlich auch nicht gerecht. Ihre gütigen Handlungen hatten oft eine sehr persönliche Note. In ihrer Rede zum Friedensnobelpreis erzählte sie von einer obdachlosen Frau, die sie in Kalighat in einem Heim für Sterbende aufnahm und bis zu ihrem Tod persönlich pflegte.

Wie ist die Wirkung zu erklären, die Mutter Teresa auf Millionen Menschen hatte, die sie nicht kannten, aber durch Berichte über ihre Lebensweise oder durch ein Foto von ihr inspiriert wurden? Sie machte Menschen glücklich. Wenn sie ihr Foto sahen, wollten sie mehr über sie wissen. Sie bringt immer noch Menschen im Namen der Güte zusammen und bewirkt, dass in ihnen ein tiefer Wunsch entsteht, kleinliche Sorgen beiseitezulegen und sich dem Wohlergehen ihrer Mitmenschen zu widmen.

WIE FÜHRT GÜTE ZU GLÜCK?

Für das Überleben der Menschheit ist Güte unerlässlich. Von Geburt an sind wir auf die Fürsorge anderer angewiesen. Sogar das erschreckendste und wildeste Tier beginnt sein Leben als schwaches und wehrloses Wesen, das nur überlebt, weil es Nahrung und Schutz durch ein anderes Tier erhält. Auch später im Leben sind wir alle auf die liebevolle Zuwendung und Hilfsbereitschaft unzähliger anderer Wesen angewiesen – in Bezug auf Nahrung, Unterkunft, Kleidung, Medikamente und vieles andere mehr. Wie können wir diese Güte erwidern?

Güte muss nicht weich und schöntuerisch daherkommen. Das Beste für jemanden zu wollen, kann klare Worte oder strenge Disziplin verlangen. Vielleicht müssen wir auch jemanden entlassen. Lehrer, die sich mit strengen Worten und gleichzeitig mit wohlwollender Zuwendung an uns wenden, haben oft den positivsten und nachhaltigsten Einfluss auf unser Leben.

Viele Dinge können sich der Güte in den Weg stellen. Sei es Unsicherheit – die Angst, dass jemand entdeckt, wie wenig wir wissen und wie unsicher wir sind, – oder Zerstreutheit – wenn wir so geschäftig von Ort zu Ort hetzen, dass wir für niemanden mehr Zeit haben. Oder es sind Vorurteile – indem wir entscheiden, was das Beste für den anderen ist, anstatt ihm zuzuhören. Manchmal verschwenden wir Energie, indem wir darüber diskutieren, ob Zuwendung angebracht ist, anstatt sie einfach zu zeigen.

Es ist relativ einfach, freundlich zu Menschen zu sein, die wir mögen und die nett zu uns sind. Wenn wir in dieser Welt jedoch wirklich etwas Positives bewirken wollen, müssen wir die Fähigkeit entwickeln, auch zu den Menschen freundlich zu sein, die uns unangenehm sind. Das kann bedeuten, höflich zu einem Grobian zu sein, hilfsbereit zu jemandem, der uns keine Anerkennung zollt, und jemandem, der uns ablehnt, ein Geschenk zu machen. Was brauchen wir, damit es uns wichtig genug wird, so etwas zu tun?

Sich selbst liebevolle Zuwendung entgegenzubringen, ist gar nicht so einfach. Wir scheuen zwar keinen Aufwand, um Spaß zu haben, Annehmlichkeiten und ein schönes Äußeres zu erlangen, verpassen dafür aber oft, uns um unseren inneren Zustand zu kümmern, auch wenn wir das am dringendsten bräuchten. Güte hat damit zu tun, dass wir einen zarten, inneren Raum mit anderen teilen. Wie können wir das erreichen, wenn wir uns selbst keine Beachtung schenken? Wir müssen lernen, uns selbst positive Zuwendung entgegenzubringen, etwa indem wir da sanft zu uns sind, wo es schmerzt, und ganz behutsam mit unseren Ängsten umgehen.

Wenn wir uns Zeit nehmen, um uns einen Moment lang hinzusetzen, können wir friedlich ruhen? Oder rotiert unser Geist? Oder flattern unsere Nerven? Wenn wir mit Freunden zusammen sind, sind wir dann empfänglich und freundlich zu ihnen, während wir innerlich ruhig und entspannt bleiben? Wenn uns dies gelingt, stellen sich Lachen, Fröhlichkeit und menschliche Nähe sehr viel leichter ein.

Was ist der Schlüssel zur Entwicklung von Güte? Zuerst müssen wir daran glauben, dass wir – wie alle anderen auch – das Potenzial haben, gütig zu sein. Wir müssen nur lernen, die Güte in uns selbst zu finden und damit zu experimentieren. Wir können unsere Motivation zum Beispiel dadurch stärken, dass wir uns so oft wie möglich die Vorteile liebevoller Zuwendung vor Augen führen. Die kleinen Momente der Zufriedenheit, die wir erleben, wenn wir uns um andere kümmern und wünschen, dass sie glücklich sein mögen, können uns durch den heutigen Tag, das nächste Jahr und unser ganzes Leben tragen.

Gütige Menschen haben im Allgemeinen ein harmonischeres Familienleben, tiefere Freundschaften, mehr Freude – und sogar eine bessere Gesundheit. Güte ist ein starkes Mittel gegen Depressionen und ein geringes Selbstvertrauen, weil sie uns von unserer Ichbezogenheit befreit und unsere Beziehungen mit anderen stärkt.

Für die meisten Menschen ist es anstrengend, ständig gütig zu sein. Von jenen, die immer zuvorkommend sind, können wir lernen, wie sie zuhören und die Bedürfnisse anderer wahrnehmen. Das versetzt uns in die Lage, schrittweise unsere eigene Güte zu entwickeln, bis sie uns zur Gewohnheit wird.

Es mag verlockend sein, nachlässig mit Güte umzugehen, sie als Nebensache ohne weitreichende Konsequenzen anzusehen. Das Geheimnis eines glücklichen Lebens könnte aber direkt hier, vor unserer Nase liegen. Wenn wir die Fähigkeit entwickeln, gütig zu sein, damit andere sich glücklich fühlen, ist das oft der einfachste und direkteste Weg zu unserem eigenen Glück. Was hält uns davon ab?

Eine wahre Geschichte (1)

Abdul Aziz ist ein Berater und Autor zu Themen des Mittleren Ostens, Professor für internationale Beziehungen und Begründer/Leiter des Centre for Global

Peace an der American University in Washington. Er berichtet von seiner Begegnung mit Bob, der ihn einmal am Flughafen abholte, um ihn zu einer Konferenz zu fahren. Als sie auf das Auto zusteuerten, verschwand Bob, und Abdul fand ihn wieder, als er einer älteren Frau mit ihrem Gepäck half. Etwas später, als sie weitergingen, verschwand er abermals. Neugierig fragte Abdul Bob, was los sei. Bob antwortete: „Im Vietnamkrieg war ich Teil einer Truppe, die nach Landminen suchte. Als wir vorsichtig über ein Feld schritten, ging mein Freund Dave hoch. Einige Schritte weiter, ging ein weiterer Freund namens Joe hoch. Ich habe gelernt, die Dinge genau zu beobachten und Gelegenheiten wahrzunehmen, wenn sie sich präsentieren."

Eine wahre Geschichte (2)

Als Maddie Babineaus Krebs wieder ausbrach, erhielt die Dreizehnjährige von der *Children's Wish Foundation* die Gelegenheit, sich einen Wunsch zu erfüllen. Anstatt sich einen neuen Fernseher, eine Reise nach Disneyland oder einen Einkaufsbummel zu wünschen, entschied sie sich, eine Schule in Afrika zu unterstützen – und zusätzliches Geld für einen Dorfbrunnen zu sammeln. Maddie starb 2007, aber ihre außergewöhnlich gütige Tat hat Freunde und Familienmitglieder dazu inspiriert, ihre Arbeit in einer Hilfsorganisation mit dem Namen *Maddie's Wish* fortzusetzen.

www.maddieswishproject.com

Übung

Wärest du gerne gütiger zu anderen? Oder wünschst, du dir, dass andere gütiger zu dir sind? Nimm dir heute etwas Zeit, einen bestimmten Menschen genauer zu beobachten. Was sind die kleinen Dinge, die diese Person motiviert oder sie verärgert? Was kannst du ihr Gutes tun – einen Kaffee anbieten, ein Gespräch beginnen, ein Lächeln schenken? Mache es dem anderen leicht, dein Geschenk anzunehmen. Wie hat das deinen Tag verändert?

Betrachtung

- Suche einen ruhigen Ort, an dem du dich entspannen kannst. Setze dich bequem hin und konzentriere dich auf deinen Atem. Kommen Gedanken, Bilder und Gefühle auf, so lasse sie einfach ziehen. Wenn dich etwas ablenkt, bringe deine Aufmerksamkeit zum Ein- und Ausatmen zurück. Genieße dieses Zur-Ruhe-Kommen einige Minuten lang.

- Beginne damit, ein Gefühl der Liebe und des Mitgefühls zu dir selbst zu erzeugen. „Möge ich frei sein von Leid." Wiederhole diesen wohltuenden Satz immer wieder, entweder flüsternd oder in Gedanken: „Möge ich frei sein von Leid."

- Erinnere dich an die Zeiten in der Vergangenheit, in denen du Probleme hattest. Betrachte auch dein momentanes Leid. Antworte auf alles, was in deinem Geist erscheint, mit Liebe und Mitgefühl. Wiederhole den Satz: „ Möge ich frei sein von Leid." Gehe geduldig und sanft mit dir selbst um.

- Wende deine Liebe und dein Mitgefühl nun den Menschen oder Tieren zu, die dir nahestehen. Stelle dir vor, dass

Mitgefühl aus deinem Herzen ausströmt und all ihre Ängste, Schwierigkeiten, Schmerzen und Leiden wegspült: „Mögen sie frei sein von Leid."

- Erweitere nun den Kreis derer, denen du Liebe und Mitgefühl schickst um diejenigen, die du nicht kennst und noch nie getroffen hast. Du kannst deine Aufmerksamkeit Menschen in gewissen Teilen der Welt zuwenden oder Menschen, die unter speziellen Problemen leiden, wie Armut und Krankheit oder Ungerechtigkeit. Denke an Menschen aus deiner Stadt oder deinem Land, die du nicht kennst. Dehne deine Liebe und dein Mitgefühl auf ausnahmslos alle aus: „Mögen sie frei sein von Leid."

- Wende deine Liebe und dein Mitgefühl nun auch denjenigen zu, die du schwierig findest. Male dir aus, dass sie direkt vor dir stehen und lasse Mitgefühl aus Deinem Herz strömen und all ihre Schwierigkeiten wegspülen: „Mögen sie frei sein von Leid."

- Stelle dir schließlich vor, dass die Liebe und das Mitgefühl ganz mühelos aus deinem Herzen fließen – zu jedem erdenklichen Lebewesen. Wiederhole leise: „Mögen alle Wesen frei sein von Leid." Stelle dir vor, wie sich diese Worte in das weite, ja unendliche Universum hinaus ausbreiten. Wie fühlt sich das an?

- Beende die Übung mit dem Wunsch „Mögen alle Wesen glücklich sein!"

Zitat

Ich habe gelernt, dass Menschen vergessen, was man sagt oder tut, aber sie vergessen nicht das Gefühl, dass man ihnen vermittelt hat.
Maya Angelou, Vereinigte Staaten

Quellen

- www.motherteresa.org ist die offizielle Webseite der Missionarinnen der Nächstenliebe.
- Navin Chawla, Mutter Teresa: die autorisierte Biografie (München, 1993; Originaltitel: Mother Teresa)
- Kathryn Spink, Mutter Teresa: ein Leben für die Barmherzigkeit (Bergisch Gladbach, 1997)
- „Mother Teresa: A Life of Devotion" 1989 (erschienen auf VHS, Vision Video, 1999)

Anmerkung

3 Der Geburtsort liegt im heutigen Mazedonien, Mutter Teresa wuchs in einer albanischsprachigen Familie auf. Als sie geboren wurde, lag ihr Geburtsort im Ottomanischen Reich.

06 Ehrlichkeit

Geld ist eine klebrige Substanz.
Muhammad Yunus, Bangladesch

WAS IST EHRLICHKEIT?

Wenn wir ehrlich sind, können wir uns gewandt in der Welt bewegen, ohne anderen Schaden zuzufügen. Zu lügen oder unredlich zu handeln, bedeutet, dass wir die eigenen Interessen über die der anderen stellen. Wir könnten etwa ihre Erfahrung manipulieren, bis sie unseren Bedürfnissen entspricht, oder uns ihren Besitz aneignen. So führt Unehrlichkeit zu viel Enttäuschung und Leid. Sind wir dagegen rechtschaffen, bringen wir den Bedürfnissen und Wünschen unserer Mitmenschen Wertschätzung entgegen und zeigen damit, dass uns ihr Wohlergehen am Herzen liegt.

Jedes Mal, wenn Menschen miteinander in Kontakt treten, können sie sich für einen ehrlichen Umgang entscheiden. Jeder hat die Möglichkeit, direkt und aufrichtig mit anderen zu kommunizieren, ganz unabhängig vom jeweiligen Gesundheitszustand, ihrer Familiensituation, ihrem Besitz oder ihren finanziellen Mitteln. Damit hilft man mit, für alle eine Kultur der Aufrichtigkeit zu schaffen.

Stellen wir uns eine Welt vor, in der jeder fair ist, gerecht handelt und seine Geldangelegenheiten geradlinig und aufrichtig tätigt. Allein schon daran zu denken, kann uns heiter stimmen und zum Lächeln bringen. Wahrscheinlich sind eine ganze Menge Mut und innere Kraft vonnöten, um dahin zu gelangen – aber warum sollten wir nicht gleich damit anfangen. Ehrlichkeit beginnt bei jedem Einzelnen von uns.

WARUM MUHAMMAD YUNUS?

Der Nobelpreisträger Muhammad Yunus gründete die *Grameen Bank of Bangladesh,* deren Basis der Glaube an die grundsätzliche Ehrlichkeit der Menschen ist. Er erklärt oft, es sei keineswegs so, dass die Menschen nicht kreditwürdig seien, vielmehr fehle es den Banken an „Menschenwürdigkeit". Das Ziel seiner Bank ist es, verarmten Menschen Geld zu leihen, damit sie ihre Lebensumstände verbessern können. „Armut gehört nicht zu einer zivilisierten menschlichen Gesellschaft, sie gehört ins Museum", hat Dr. Yunus 1997 am ersten *World Microcredit Summit* (Weltgipfel der Kleinstkredite) erklärt.

Yunus zufolge hat jeder Mensch ein unbegrenztes Potenzial. Die Geschäftspolitik und Arbeitsweise der *Grameen Bank* zielen darauf ab, dieses Potenzial zur Entfaltung zu bringen, insbesondere, was die Ehrlichkeit betrifft. Die Bank verlangt für ein Darlehen kein Sicherheitspfand, setzt jedoch eine Reihe von Mitteln ein, um zur Rückzahlung zu ermutigen. Die Kreditnehmer organisieren sich in Gruppen, die Rückzahlungen werden wöchentlich in kleinen Summen geleistet, und Gruppentreffen finden unter einem Baum im Dorfzentrum statt. Die Schuldner sind Teilhaber der Bank. Folglich liegt die Ausfallquote außergewöhnlich tief, bei weniger als einem Prozent.

Yunus sagt: „Die Bedeutung des Wortes ‚Kredit' ist Vertrauen. Doch während sich die kommerziellen Banken im Laufe der Zeit zu mächtigen Institutionen entwickelten, bauten sie ihre gesamte Struktur mehr und mehr auf gegenseitigem Misstrauen auf." Grameen hat gezeigt, dass es auch anders geht. Im Jahr 1998, nach 22 Geschäftsjahren hatte die Bank zwei Millionen Kreditnehmer, 12000 Angestellte und 1112 Niederlassungen. Gleichwohl wird für Yunus „unser Erfolg nicht an den Beträgen uneinbringlicher Verschuldungen oder den Rückzahlungsraten gemessen ..., sondern daran, ob das von Armut und Schwierigkeiten geprägte

Leben unserer Schuldner weniger armselig und weniger schwierig geworden ist."

Jorimon ist eine dieser Kreditnehmerinnen, deren Leben durch das Vertrauen, das ihr die Grameen Bank entgegenbrachte, verändert wurde. „Früher waren wir tagelang hungrig, ich arbeitete wie eine Sklavin in den Häusern anderer Leute, ging mit einer schweren Ladung Feuerholz auf dem Kopf von Dorf zu Dorf, um etwas Geld zu verdienen. Wir hatten kein eigenes Zuhause. Andere Menschen haben uns ignoriert ... Heute jedoch hat uns Gott mittels eines Bankkredits den Weg zum Glück gezeigt."

WIE FÜHRT EHRLICHKEIT ZU GLÜCK?

Sich integer zu verhalten – also ehrlich zu sein und Wort zu halten – heißt vertrauen, dass wir unseren eigenen Weg mit Aufrichtigkeit gehen können. Indem wir uns um die Interessen der anderen kümmern und uns fair verhalten, sorgen wir auch für uns selbst. Dadurch kann etwas tief in uns zur Ruhe kommen.

Ein sauberes Gewissen ist Freude und Befreiung zugleich. Aufrichtigkeit ist ein starkes Gegenmittel bei Überanstrengung und Stress. Wir können uns selbst in die Augen schauen, ruhig schlafen und uns daran erfreuen, dass uns andere vertrauen.

Wie wir mit Geld umgehen, zeigt unsere Einstellung gegenüber der Ehrlichkeit am deutlichsten. Auch wenn Geld heute noch so viele Erscheinungsformen annimmt – im Grunde genommen ist es eine Form von Macht sowie eines der wesentlichsten Mittel der menschlichen Interaktion und Vernetzung. Wenn wir in unseren Geldangelegenheiten fair sind, führt das zu einer ruhigen inneren Zufriedenheit und zu dauerhafter Selbstachtung.

In Geld- und Besitzfragen unehrlich zu sein, heißt auch zu vergessen, wie sehr unser Wohlergehen davon abhängt, ob wir die grundlegenden Bedürfnisse der anderen respektieren. Im Bus schwarzfahren, uns im Büro mit Material bedienen oder Rückzahlungen für ein Darlehen nicht leisten, all das erscheint uns vielleicht als belanglos; ähnlich wie bei der Luftverschmutzung kommen dadurch aber früher oder später Menschen zu Schaden. Und irgendwann werden uns die Folgen selbst treffen.

Wir alle spielen unterschiedliche Rollen im Drama namens „Unehrlichkeit". Jeder weiß aus eigener Erfahrung, wie es sich anfühlt, belogen und betrogen zu werden. Aber wer hat nicht schon einmal selbst übertrieben, und wer wurde noch nie von jemandem hintergangen? Wir gehen aber weiterhin Risiken ein und bezahlen einen hohen Preis dafür, obwohl dieses Verhalten unsere Beziehungen zerfrisst wie Säure. In einer mit Waren gesättigten Welt gibt es unzählige Verlockungen, die unsere Ängste nähren, nicht genug Macht, Geld oder Ausstrahlung zu haben, und die uns vorgaukeln, es gäbe eine Abkürzung auf dem Weg zum Glück.

Man bringt Unehrlichkeit im Allgemeinen mit Heimlichtuerei in Verbindung, oft wird sie aber auch ausgesprochen offensichtlich angewandt. Irgendwie spüren wir es ganz instinktiv, wenn uns jemand hinters Licht führt. Und wenn wir selbst jemanden täuschen – sei es auf plumpe oder raffinierte Weise – sind wir uns dessen immer voll bewusst.

Betrug bringt Schande und Beschämtheit. „Wie konnte ich nur so dumm und naiv sein? Warum habe ich dieser Person vertraut?", fragen wir uns dann. Je mehr wir jemandem vertrauten und glaubten, desto härter und tiefer fallen wir. Dieser Teufelskreis mag uns gar davon überzeugen, dass es sich nicht mehr lohnt, sich selbst rechtschaffen zu verhalten. Wenn das Vertrauen erst einmal zerstört ist, kann es kaum mehr wiederhergestellt werden. Die Angst, ertappt zu werden, wird unweigerlich zunehmen, und es kann sehr viel dabei auf dem Spiel stehen.

Vieles, was auf der Welt passiert, wird durch Verdrehung von Tatsachen bewirkt. In einer Gesellschaft, deren Triebkraft ungezügelter Wettbewerb ist, brauchen wir Festigkeit und Mut, um nicht zu vergessen, dass es auch möglich sein könnte, auf geradlinige und faire Art zum erhofften Beruf, Partner und Lebensstil zu kommen. Wir verlieren sehr selten etwas Wertvolles, wenn wir aufrichtig sind. Aufrichtigkeit bedeutet nicht, dass wir uns schroff oder barsch äußern müssen. Sie kann dezent, bedacht und kultiviert daherkommen.

Unzählige Gründe sprechen dafür, dass wir unsere Angelegenheiten ins Reine bringen und Lügen und Betrügen unterlassen sollten. Egal, was jemand früher getan oder gesagt hat, es gibt immer die Möglichkeit, Abstand zu nehmen, den Schaden wiedergutzumachen, etwas zurückzuzahlen und eine von Unaufrichtigkeit geprägte Lebensführung hinter uns zu lassen. Wir können einen Lebensweg einschlagen, der auf Ehrlichkeit und dem Vertrauen in unsere Fähigkeit beruht, bei der Wahrheit zu bleiben, – zunächst gegenüber uns selbst und dann gegenüber anderen.

Eine wahre Geschichte (1)

Die Biologieprofessorin und Umweltschützerin Pilai Poonswad rekrutiert Wilderer und illegale Holzfäller für ihre Kampagne, welche die Hornvögel in Südthailand vor dem Aussterben bewahren soll. „Eure Kinder werden eure Knochen ausgraben und sie verfluchen für das, was ihr den Tropenwäldern angetan habt", sagt sie ihnen. Pilai hat genug Geld gesammelt, um über hundert Hornvogelnester zu schützen, ein mobiles Unterrichtszentrum mit geschulten Ausbildern aufzubauen und alternative Berufs- und Ertragsmöglichkeiten für die Einheimischen zu schaffen. Ehemalige Wilderer lehren Noch-Wilderer, wie die Aufforstung

eher zu einer sicheren Zukunft für sie und ihre Familien führt als Zerstörung und Ausrottung. Pilai träumt davon, dass diese Initiativen zu neuen Forschungsprojekten über das komplexe Netz des Lebens anregen und dass moderne Thailänder wiederentdecken, was es heißt, in Einklang mit dem Regenwald und miteinander zu leben. 2006 gewann Pilai Poonswad den *Rolex Award for Enterprise* für ihr visionäres Projekt.
Julian Cribb, Poachers into Gamekeepers, www.sciencealert.com.au, 28. Juni 2007.

Eine wahre Geschichte (2)

Im Januar 2003 ließ ein Geschäftsmann versehentlich eine Tasche mit mehr als 11.000 Dollar in einem Einkaufszentrum in Manila zurück. Maria Fe Sotelo vom Sicherheitsdienst fand die Tasche und gab sie umgehend dem Besitzer zurück. Der dankbare Geschäftsmann bot ihr einen Finderlohn an, den sie aber höflich ausschlug. Doch Marias Ehrlichkeit führte dazu, dass sie ihren Traum, Polizistin zu werden, verwirklichen konnte, denn die philippinische Polizei setzte die Mindestgröße und Maximalalter betreffenden Anforderungen speziell für sie außer Kraft.[4]

Übung

Hast du manchmal Skrupel? Gibt es Situationen, in denen du dich selbst oder deine Finanzen überzogen oder falsch dargestellt hast? Sei ehrlich mit dir selbst, damit du auch anderen gegenüber aufrichtig sein kannst.

Betrachtung

- Suche einen ruhigen Ort, an dem du dich entspannen kannst. Setze dich bequem hin und konzentriere dich auf deinen Atem. Kommen Gedanken, Bilder und Gefühle auf, so lasse sie einfach ziehen. Wenn dich etwas ablenkt, bringe deine Aufmerksamkeit zum Ein- und Ausatmen zurück. Genieße dieses Zur-Ruhe-Kommen einige Minuten lang.

- Denke zunächst über die Eigenschaft Ehrlichkeit nach. Erinnere dich an eine Situation, in der deine Ehrlichkeit auf die Probe gestellt wurde und du es geschafft hast, dich völlig aufrichtig zu verhalten – vielleicht hast du der Versuchung widerstanden, etwas zu nehmen, was dir nicht wirklich gegeben wurde, oder die Wahrheit zu verdrehen. Wie hat es sich damals angefühlt? Wie fühlt es sich jetzt an? Freue dich über deine Fähigkeit, ehrlich und geradlinig zu sein.

- Erinnere dich nun an eine Situation, in der es dir nicht gelungen ist, so ehrlich und geradlinig zu sein, wie du es dir gewünscht hättest. Falls Unbehagen in dir aufsteigt, nimm das Gefühl wahr und bleibe bei der Übung. Erinnere dich in allen Einzelheiten daran, wie es sich anfühlte, als du nicht ehrlich warst. Kannst du dich an die damaligen Körperempfindungen erinnern?

- Überlege, welche Geisteshaltung die Ursache deiner Unehrlichkeit war. Was hat dich dazu gebracht so zu handeln? Was hast du dir davon erhofft? Haben sich die Dinge deinen Erwartungen entsprechend entwickelt?

- Führe dir die Folgen deines Verhaltens vor Augen. Dazu brauchst du eventuell ein gewisses Maß an Konzentrationskraft und Mut. Wie hat sich dein Mangel an Ehrlichkeit und Redlichkeit auf andere ausgewirkt? Gab es einen Nachahmungseffekt? Was würde geschehen, wenn sich alle so verhalten würden?

- Falls du Bedauern verspürst: Kann es dich zu etwas Sinnvollem anregen? Kannst du die Kraft deiner Selbstkritik umlenken und dich entschließen, dich in Zukunft anders zu verhalten? Visualisiere dich selbst als eine Person, die wegen ihrer Redlichkeit und Aufrichtigkeit geachtet wird. Stelle dir vor, wie du in jedem Moment die Wahrheit sagst und dich integer verhältst. Freue dich daran, ein reines und friedliches Gewissen zu haben.

- Beende die Übung mit dem Wunsch „Mögen alle Wesen glücklich sein!“

Zitate

Geld ist ein guter Diener, aber ein schlechter Meister.
Traditionelles Sprichwort

Um eine gerechte Welt zu schaffen,
müssen wir selbst gerecht sein.
Dag Hammarskjöld, Schweden

Die Wahrheit zu Zeiten des Universalbetrugs
zu sprechen ist eine revolutionäre Tat.
George Orwell, Indien/England

Quellen

- www.muhammadyunus.org ist die persönliche Webseite von Muhammad Yunus und umfasst Informationen und Links zum Thema Mikrokredite.

- www.grameen-info.org ist die Webseite der Grameen Bank, Bangladesch.

- Peter Spiegel, Muhammad Yunus – Banker der Armen: der Friedensnobelpreisträger; sein Leben, seine Vision, seine Wirkung, Freiburg im Breisgau, 2006.

- Es gibt eine Reihe von Videoaufnahmen zu Muhammad Yunus und der Grameen Bank auf der Webseite des Videoarchivs von Bangladesch unter www.ethikana.com.

Anmerkung

4 Quelle: http://mb.com.ph/node/109874

07 Großzügigkeit

Wahrer Reichtum entsteht, indem wir anderen helfen.
Cesar Chávez, Mexiko/Vereinigte Staaten

WAS IST GROSSZÜGIGKEIT?

Großzügig zu sein mag uns in gewisser Weise als ein verrücktes, unserer Kultur zuwiderlaufendes Unterfangen erscheinen. Anstatt unsere Zeit, Tatkraft oder Besitztümer für uns zu behalten, geben wir sie weg. Es hat aber etwas Kraftvolles, wenn man sich entschließt, sich so zu verhalten, weil es eine grundsätzliche Abkehr von der begrenzten Welt von „Ich" und „Mein" beinhaltet.

Großzügigkeit ist gekennzeichnet von dem Wunsch, jemandem zu nützen. Dabei kommt es oft weniger auf die Größe des Geschenks oder der Geste an als auf die Botschaft, die damit verbunden ist. Im Herzen erkennen wir sie sofort und unmissverständlich. Wir spüren ein Unbehagen über ein Geschenk, das mit Hintergedanken überreicht wird, während wir denjenigen aufrichtig bewundern, der etwas gibt, ohne eine Gegenleistung zu erwarten.

Bis zu einem gewissen Grad ist wahrscheinlich jeder Bewohner dieses Planeten bereit, großzügig zu sein, sei es einem Familienmitglied, einer Freundin oder dem geliebten Haustier gegenüber. Die Frage ist lediglich, ob wir uns entschließen, damit einen Schritt weiter zu gehen – ob wir lernen wollen, unsere Herzen und Hände zu öffnen und bereitwilliger zu teilen, was wir an Zeit, Tatkraft, Talenten und Besitz zur Verfügung haben. Diese Frage ist von entscheidender Bedeutung für unseren weiteren Lebensweg.

WARUM CESAR CHÁVEZ?

Der mexikanisch-amerikanische Landarbeiter, Arbeiterführer und Bürgerrechtler Cesar Chávez konnte seine Großzügigkeit nicht zeigen, indem er Geld oder Besitztümer teilte. Er verdiente nie mehr als 6000 US$ pro Jahr, besaß kein eigenes Haus und hinterließ nach seinem Tod seiner Familie kein Erbe. Gleichwohl nahmen 50.000 Menschen an seinem Begräbnis in der kalifornischen Kleinstadt Delano teil, um seiner lebenslangen Großzügigkeit zu gedenken, die darin bestand, dass er seine Zeit, seine Talente und seine Energie gab, um die Arbeitsbedingungen der einfachen Leute in den Vereinigten Staaten zu verbessern. Chávez erkannte, dass „der wahre Reichtum entsteht, wenn wir anderen helfen".

Als Sohn mexikanischer Wanderarbeiter musste Chávez zusehen, wie seine Eltern um ihr Land betrogen und die Landarbeiter von den Großgrundbesitzern ausgebeutet wurden. Später sprach er darüber, wie damals sein Herzenswunsch entstand, „gerecht behandelt zu werden und zu sehen, dass mit meinen Leuten wie mit Menschen und nicht wie mit Leibeigenen umgegangen wird. Er entsprang der Wut und dem Zorn, die ich vor vierzig Jahren empfunden hatte, als Menschen meiner Hautfarbe in vielen Gegenden Kaliforniens nicht das Recht hatten, ins Kino oder ins Restaurant zu gehen. Er entstammte auch der Frustration und der Demütigung, die ich als Knabe empfand, der nicht verstehen konnte, wie die Landbesitzer ihre Arbeiter missbrauchen und ausbeuten konnten, wo wir doch so viele waren und sie so wenige." Er wollte mehr Großzügigkeit in der Welt sehen.

Chávez nahm den Heiligen Franz von Assisi, Mahatma Gandhi und Martin Luther King als seine Vorbilder und wurde zum nimmermüden Kämpfer für angemessene Löhne und bessere Arbeitsbedingungen. Er war der Mitbegründer einer Vereinigung, die später zu den *United Farm Workers*, den Vereinigten Landarbeitern, wurde. Er ging mehrere Monate in Hungerstreik, um auf

Probleme wie etwa die übertriebene Nutzung von Pestiziden in der amerikanischen Landwirtschaft aufmerksam zu machen. Er wurde auch zu einem frühen Sponsor der Chicano-Kunst[5] und unterstützte Projekte wie das Landarbeiter-Theater *Il Teatro Campesino*.

Chávez war der Meinung, dass „die höchste Form der Freiheit das größtmögliche Maß an Disziplin mit sich bringt". Er führte sein Leben nach dem Grundsatz, dass „es in dieser Welt möglich ist, großen materiellen Wohlstand zu erlangen und ein schwelgerisches Leben zu führen. Aber ein Leben, das nur auf diesen Grundlagen gebaut ist, hinterlässt ein dürftiges Erbe. Am Ende werden wir nach anderen Maßstäben beurteilt werden".

WIE FÜHRT GROSSZÜGIGKEIT ZU GLÜCK?

Großzügigkeit ist eine der praktikabelsten und direktesten Methoden, um Glück in die Welt zu bringen. Man kann jederzeit und überall großzügig sein, wo Menschen zusammenkommen – unabhängig von Intelligenz oder Bildung und davon, ob jemand ein großes Vermögen besitzt oder nicht. Sogar das jüngste Familienmitglied weiß instinktiv, wie es jemanden mit dem Geschenk einer Umarmung, einer Blume oder einer selbst gemachten Zeichnung aufmuntern kann. Das fühlt sich ganz natürlich und gut an.

Eigentlich ist Großzügigkeit einfach die Art, wie sich unsere Fürsorge für das Wohlergehen einer anderen Person nach außen hin zeigt. Großeltern stellen ihre Zeit zur Verfügung, jemand, der sehr aktiv ist, vermittelt einen hilfreichen Kontakt, oder ein Unbekannter lässt uns in der Warteschlange vor. Was daran unser Herz berührt und zu einem Kloß im Hals führt, ist die Liebe und Güte, die dieser Geste zugrunde liegt. Unsere besten Erinnerungen beziehen sich oft auf Erlebnisse, in denen sich andere Menschen uns gegenüber großzügig zeigten oder in denen wir selbst großzügig waren.

Wenn wir im Gegensatz dazu alles für uns selbst behalten, werden unsere Augen verkniffen und unser Gesicht verspannt. Je mehr Dinge wir horten, desto mehr Angst haben wir, sie wieder zu verlieren. Freude lässt sich nicht durch Geiz finden, sondern indem wir ein Kind zum Strahlen bringen, einem Jugendlichen ein widerwilliges Grinsen entlocken oder das Herz eines älteren Menschen berühren. Wenn wir nicht gerade in übelster Stimmung sind, überträgt sich das Lächeln, das wir auf das Gesicht des Gegenübers gezaubert haben, auch auf uns.

Wenn wir niedergeschlagener Stimmung sind und unser Herz sich verschließt, glauben wir vielleicht, wir hätten nichts zu geben. Aber wir können anderen immer ein freundliches Wort, einen aufmunternden Blick oder kameradschaftliches Schweigen darbringen, und vielleicht merken wir dann, dass das genau die Medizin ist, die uns von unserer eigenen Einsamkeit und Traurigkeit befreit. Manchmal entdecken wir unseren eigenen Reichtum und Wert erst, wenn wir uns großzügig zeigen.

Großzügigkeit hilft uns, das richtige Verhältnis zu unserem Besitz zu entwickeln. Gehört er wirklich uns oder ist er bloß eine Leihgabe des Universums, die wir nicht einmal für die Dauer dieses Lebens unser Eigen nennen können? Verwenden wir ihn nutzbringend oder wäre er nützlicher für jemand anderen? Es kann sehr befreiend sein, loszulassen und sowohl Objekte als auch Energie entspannter und freier zirkulieren zu lassen. Es kann uns dazu anspornen, unsere vermeintlichen Bedürfnisse zu überprüfen, sodass wir die subtile Freude des Loslassens kennenlernen.

Großzügigkeit kann uns auch helfen, unsere egozentrische Fixierung auf unser „Ich, Ich, Ich" zu überwinden. Etwas wegzugeben, das wir gar nicht wollen, kann nicht wirklich als Großzügigkeit bezeichnet werden. Wenn wir hingegen etwas verschenken, das wir gebrauchen und genießen – oder in Zukunft gebrauchen wollten –, kann das ein radikales Mittel sein, die Bedürfnisse einer anderen Person in den Vordergrund zu stellen. Haben wir einmal die überragende Art von Zufriedenheit erfahren, die sich dadurch einstellt, ist es leicht möglich, dass sie zu einer Gewohnheit wird.

Es kann aber auch geschehen, dass das Wesentliche bei der Großzügigkeit verloren geht – etwa wenn wir eigennützige Absichten verfolgen und eine gemischte Motivation hinter unserem Handeln steht. Inwieweit sind wir auf eine Belohnung aus? Sind wir großzügig, um Macht und Einfluss zu gewinnen? Was führt uns dazu, uns zu übernehmen und etwas zu geben, das unsere Möglichkeiten übersteigt, sodass es uns aus dem Gleichgewicht bringt? Die spektakulärsten Geschenke haben manchmal ein verstecktes Preisschild. Wollen wir aufrichtig und ehrlich spenden, so sollte das mit Weisheit geschehen und ohne dass wir unsere Bodenhaftung verlieren.

Wenn Geben gut tut, so kann man sinnvollerweise folgern, dass wir uns sogar noch besser fühlen werden, wenn wir unsere Fähigkeit, großzügig zu sein, noch geschickt erweitern. Die Möglichkeiten dazu sind endlos. Können wir den letzten Parkplatz jemand anderem überlassen, unseren Platz in der Warteschlange einem Unbekannten geben oder die Mittagspause mit einer neuen Kollegin verbringen? Es kann sehr aufschlussreich sein, uns zu fragen, wie sehr wir dazu bereit sind, jemandem – sogar auf unsere eigenen Kosten – seinen Willen zu lassen, und wie weit unsere Großzügigkeit reicht bei Menschen, die wir nicht mögen.

Wir können unsere Praxis der Großzügigkeit jederzeit vertiefen: indem wir unsere Beweggründe weiter hinterfragen, indem wir uns am Geben selbst erfreuen und Genugtuung erfahren, wenn wir etwas gegeben haben. Das können wir ein Leben lang üben.

Eine wahre Geschichte

Mahadeb Mondal stammt aus einer armen Familie aus dem etwa 240 km von Kalkutta entfernten Dorf Chandkhali in Indien. Als er acht Jahre alt war, musste er die Schule verlassen, um seinen Lebensunterhalt als Kuhhirte zu verdienen. Seine vier Söhne arbeiteten wie er als ungelernte Hilfsarbeiter. Im Alter von siebzig Jahren sagte er: „Ich bin nun alt und gebrechlich, ich bedaure, dass ich nicht studieren oder meinen Söhnen eine Ausbildung finanzieren konnte. Ich wünschte, ich könnte die Uhr zurückdrehen." Im Mai 2007 beschloss Mondal etwas zu unternehmen, um den zukünftigen Generationen in seinem Dorf zu helfen und ihnen einen besseren Start ins Leben zu ermöglichen. Er verschenkte die Hälfte seines Landes, damit eine neue Grundschule gebaut werden konnte, und lebt weiterhin mit seiner Frau Sabitri in einer Strohhütte auf der anderen Hälfte des Grundstücks. Der Wert des verschenkten Grundstücks beträgt etwa 100 000 Rupien, eine außerordentliche Summe für jemanden, der 40 Rupien pro Tag verdient.

Wiedergegeben mit Dank, aus The Telegraph, Kalkutta, 2. Juni 2007.

Übung

Könntest du anderen mehr geben, als du es im Moment tust? In welchem Bereich könnte das sein – hast du Zeit, Fachwissen oder materielle Dinge zu vergeben? Bist du bereit, dich zu engagieren, auch wenn es unbequem ist? Fasse jetzt den Vorsatz, etwas zu verändern.

Betrachtung

- Suche einen ruhigen Ort, an dem du dich entspannen kannst. Setze dich bequem hin und konzentriere dich auf deinen Atem. Kommen Gedanken, Bilder und Gefühle auf, so lasse sie einfach ziehen. Wenn dich etwas ablenkt, bringe deine Aufmerksamkeit zum Ein- und Ausatmen zurück. Genieße dieses Zur-Ruhe-Kommen einige Minuten lang.

- Gehe in Gedanken in dein Lieblingszimmer in deinem Zuhause und lasse dich dort nieder. Atme tief ein und aus und entspanne dich.

- Schaue dich geruhsam im Zimmer um und lasse deinen Blick über all die Dinge wandern, die dort sind. Richte deine Aufmerksamkeit dann auf alles, was du geschenkt bekommen hast. Jedes Geschenk ist mit einer bestimmten Erinnerung verbunden. Kannst du dich an den Moment erinnern, als du das Geschenk erhalten hast und an den Ausdruck der Person, die es dir gegeben hat? Warum gab sie es dir? Wie hast du dich dabei gefühlt?

- Richte deine Aufmerksamkeit nun auf die Dinge, die du selbst gekauft hast. Jedes hat seine eigene Geschichte. Woher stammt es? Aus welchem Material ist es gemacht? Wer mag das Objekt gepflanzt, gewoben, bearbeitet, bedruckt, entworfen, zusammengesetzt oder geschnitzt haben, das du nun benutzen kannst? Wie viele Leute waren mit dem Verpacken und dem Transport beschäftigt? Erweitere deinen Gedankenhorizont so weit wie möglich, um alle Wesen mit einzuschließen, die mitgeholfen haben, damit dieses Ding zu deinem Besitz werden kann.

- Besitzt du irgendetwas, das du nicht durch die Großzügigkeit einer anderen Person erhalten hast? Überprüfe den Raum und versuche etwas zu finden, das dort ist, ohne dass ein anderer dazu beigetragen hätte.

- Verweile bei dem Gedanken, dass wir nur durch die Güte anderer Besitz, Nahrung und Bildung genießen können. Welche unsichtbaren Verbindungen gibt es zwischen uns, die es uns erlauben, uns gegenseitig am Leben zu erhalten? Wie wirken sich die gedankenlosen und unachtsamen Taten aus, die wir alle ausführen – zum Beispiel, wenn wir uns mehr nehmen, als wir brauchen?

- Während du so behaglich in deinem Lieblingszimmer weilst, denke darüber nach, wie du dich gegenüber anderen verhalten möchtest. Kannst du etwas unternehmen, um ihre Güte zu vergelten?

- Beende die Übung mit dem Wunsch „Mögen alle Wesen glücklich sein!"

Zitate

du hast heute nicht gelebt, wenn du nicht etwas für jemanden getan hast, das er dir nicht zurückzahlen kann.
John Bunyan, Großbritannien

Vermutlich werde ich nur einmal auf dieser Welt sein. Lasse mich deshalb möglichst jede gute Tat oder jede Gefälligkeit, die ich einem Mitmenschen zeigen kann, jetzt vollbringen. Lasse es mich nicht aufschieben oder vernachlässigen, weil ich das Leben nicht wieder auf demselben Weg durchlaufen werde.
Etienne de Grellet, Frankreich/Vereinigte Staaten

Wir bestreiten unseren Lebensunterhalt mit dem, was wir bekommen. Wir leben von dem, was wir geben.
Winston Churchill, Großbritannien

Quellen

- www.chavezfoundation.org ist die Webseite der Cesar E. Chávez Foundation, deren Ziel es ist, „das menschliche Potenzial voll auszuschöpfen, um das Zusammenleben der Menschen zu verbessern".

- Susan Ferriss, Ricardo Sandoval. The Fight in the Fields: Cesar Chávez and the Farmworkers' Movement (Harvest/HBJ, Taschenbuch, 1998)

- „The Fight in the Fields: Cesar Chávez and the Farmworkers' Struggle" ist ein Dokumentarfilm von Rick Tejada-Flores und Ray Telles aus dem Jahr 1997. (Der Film kann bei www.cinemaguild.com bezogen werden. Weitere Informationen auf der Webseite der Produzenten: www.paradigmproductions.org/paradigm.html).

Anmerkung

5 Kunstrichtung mexikanisch-amerikanischer Herkunft des 20. Jahrhunderts

08 Achtsame Rede

Man braucht nicht viele Worte, um die Wahrheit zu sagen.[6]
Häuptling Josef, Nez percé

WAS IST ACHTSAME REDE?

Worte! Ob wir sie nun lieben oder hassen, oft fühlt es sich so an, als würden wir uns in ihrem Getöse verlieren, das nicht nur an unsere Ohren und in unsere Augen dringt, sondern auch in unseren Geist. Sie haben die Macht, uns Auftrieb zu geben oder uns niederzudrücken, uns Befreiung zu schenken oder uns in eine Falle zu locken. Sie schaffen Freundschaften und Feindschaften. Sie erlauben uns, ein großes Vermögen zu erlangen oder alles zu verlieren. Die Macht der Rede ist so groß, dass man sie gar nicht mit Worten beschreiben kann.

Sobald ein Kind sprechen lernt, ändern sich sein Leben und seine Beziehungen. Unzählige Entscheidungen müssen nun täglich getroffen werden: ob man laut oder leise sprechen soll, ob schnell oder langsam. Welche Wörter zu verwenden sind. Wann gesprochen wird und wann man besser schweigt. Wir erlernen die Sprachfähigkeit durch Ausprobieren und entwickeln so unser Selbstbild und unseren eigenen Stil, die unsere Persönlichkeit bestimmen und unser Leben prägen.

Die Achtsame Rede beinhaltet die Verpflichtung, Worte angemessen zu gebrauchen, in einer Weise, die uns selbst und den Menschen um uns herum Frieden und Glück bringt. Sie hat damit zu tun, dass wir unsere Sprache benutzen, um Ängste zu beseitigen, Hoffnung zu nähren, Menschen zum Lachen zu bringen und dafür zu sorgen, dass sie sich einander annähern. So teilen wir mit anderen, wer wir sind.

WARUM HÄUPTLING JOSEF?

Häuptling Josef wurde 1840 in einer Gegend geboren, die heute zum Bundesstaat Oregon in den Vereinigten Staaten gehört. Man wählte ihn zum Oberhaupt des Indianerstamms Nez percé, als dieser sich gegen die europäischen Siedler zur Wehr setzte und sein Stammesgebiet verteidigte. Häuptling Josefs Kapitulationsrede vom Oktober 1877, die er nach einem Marsch von über 2250 km hielt, machte ihn zu einem unsterblichen Teil der Kultur des amerikanischen Volkes – als Stimme des Gewissens.

Ehrliche Worte und achtbares Verhalten sind für die Ureinwohner Amerikas von größter Bedeutung, weil sie die Grundlage von Gesellschaft und Wirtschaftsleben bilden. Häuptling Josef sagte über Lewis und Clark, die beiden ersten Siedler, denen er begegnete: „Sie sprachen ehrliche Worte, und unsere Leute gaben ihnen zu Ehren ein Festmahl, als Zeichen dafür, dass sie ihnen freundschaftlich gesonnen waren." Tragischerweise führte dieser positive erste Eindruck dazu, dass die Nez percé den Lügen und Betrügereien, die später kamen, schutzlos ausgeliefert waren.

Häuptling Josef war verwirrt und bestürzt über das Verhalten der anderen Siedler. Als er 1879 in Washington zu Besuch war, sagte er: „Ich kann nicht verstehen, wie die Regierung einen Mann schicken kann, der gegen uns kämpft, wie es General Miles tat, und dann wortbrüchig wird. Mit einer solchen Regierung stimmt etwas nicht. Ich kann nicht verstehen, warum es so vielen Häuptlingen erlaubt ist, auf solch unterschiedliche Weise zu reden und so viele verschiedene Dinge zu versprechen ... Ich bin der Reden überdrüssig, die zu nichts führen. Es macht mein Herz krank, wenn ich an all die schönen Worte und all die gebrochenen Versprechen denke."

„Gute Worte reichen nicht aus, wenn darauf keine Taten folgen. Worte können meine toten Leute nicht wieder zum Leben erwecken. Mit ihnen wird auch nicht unser Land bezahlt, das nun von den Weißen besetzt wurde."

WIE FÜHRT ACHTSAME REDE ZU GLÜCK?

Wenn man sich aufrichtig um eine andere Person sorgt und zu ihrem Wohlergehen beitragen möchte, so führt das automatisch dazu, dass man achtsam mit ihr spricht. Achtsame Rede zeichnet sich aus durch den Wunsch, niemandem zu schaden, niemanden wissentlich zu hintergehen und Menschen nicht gegeneinander aufzubringen. Wahrhaftig und gut zu sprechen kann zu einer Quelle großer Zufriedenheit werden. Die Atmung ist gleichmäßig; unser Körper und Geist sind im Einklang.

Achtsame Rede wird vielerorts gepflegt, manchmal auch in einer Weise, die man gar nicht erwartet. Manchmal kann unser Vorgesetzter bei der Arbeit instinktiv erfassen, wann aufrichtige Lobesworte die Situation grundlegend verbessern. Oder eine Kollegin bemerkt, dass wir Sorgen haben, und schreibt uns ein paar teilnahmsvolle Worte auf einen Zettel. Oft sind es auch die Empfangsdamen, die die Kunst beherrschen, täglich Hunderte von Menschen herzlich willkommen zu heißen. Es ist eine große Erleichterung, wenn uns jemand auf eine Art und Weise anspricht, die auf unsere Empfindungen eingeht oder darauf, was wir wissen müssen.

Häufig sind leise Worte am klarsten, und die sanfteste Stimme findet das meiste Gehör. Aber Achtsame Rede ist nicht immer verhalten. Es kann zum Beispiel wichtig sein, dass wir bei einer öffentlichen Veranstaltung klipp und klar aussprechen, was gesagt werden muss, oder einem Kollegen, der uns bei der Arbeit angegriffen hat, ruhig aber bestimmt entgegentreten. Strenge aber angemessene Worte sind in der Kindererziehung oft erforderlich, und auch im Umgang mit einem Freund ist es manchmal wichtig, aufrichtig und direkt zu sprechen.

Es kann sehr aufschlussreich sein, wenn wir genau untersuchen, was wir sagen und schreiben. Beklagen wir uns oft oder kritisieren wir andere ständig? Tun wir rasch unsere Meinung kund, auch wenn sie noch unausgegoren ist? Verbreiten wir Klatsch oder Skandale und plaudern Geheimnisse aus, die wir für uns behalten sollten? Übertreiben wir, um wichtiger oder aufregender zu erscheinen, als wir sind? Möglicherweise gibt unsere Sprache mehr über uns preis, als uns lieb ist.

Die Achtsame Rede ist Welten entfernt von dem lauten und tumultartiges Gerede, das Tatsachen dramatisiert und verdreht, oder dem halbherzigen Zuhören, wenn wir uns müde oder gehetzt fühlen oder mit jemandem konkurrieren. Sie ist auch ganz anders als das unaufhörliche Geplapper, das einen erschöpft und ablenkt. Je mehr wir reden oder je länger jemand auf uns einredet, desto unwahrscheinlicher wird es, dass wir unsere Sprache sinnvoll gebrauchen. So kann das Sprechen leicht zu etwas werden, das uns auslaugt, anstatt uns zu inspirieren.

Manchmal ist es am nützlichsten, einfach zu schweigen: sich einen Kommentar zu verkneifen, der die Unterredung zwar anheizen würde, aber Unbehagen verbreitet; einen schlechten Witz zu vermeiden, der zwar ein paar Lacher gewinnen würde, aber jemanden verletzt; eine E-Mail nicht zu schreiben, die Informationen enthält, die man besser für sich behalten sollte.

Es zeugt von großer Güte, wenn wir die Fähigkeit entwickeln, in der Anwesenheit eines anderen Menschen zu schweigen, um behutsam zu erkunden, wie wir am hilfreichsten für ihn sein können. Haben wir die Kraft, wirklich zuzuhören und jemandem den Raum zu geben, damit er alles sagen kann, was er will? Sind wir offen für eine trauernde Freundin, können wir unsere Meinung beiseitelassen und einfach das mit ihr reflektieren, was sie schon weiß? So können die Schranken zwischen uns und unserem Gegenüber beseitigt werden.

In dieser Weise still zu sein, wird nicht in einem Augenblick erlernt. Die Stille kommt aus unserem Inneren, als Ausdruck eines ruhigen und ausgeglichenen Geistes. Wenn wir mit uns im Reinen sind, nichts zu verstecken oder zu beweisen haben, ist es wahrscheinlicher, dass unsere Art zu sprechen angenehm und der Situation angemessen ist. Wenn wir uns wirklich darauf konzentrieren, was unser Gegenüber von uns braucht, statt darauf, was wir vom anderen wollen, wird unsere Rede viel eher aufbauend, liebevoll und hilfreich sein.

Ein weiser und mitfühlender Mensch weiß unwillkürlich, was zu sagen ist. Seine Leichtigkeit, Freude und Begeisterung kommen ganz spontan durch seine Worte und sein Lachen zum Ausdruck, und bewirken, dass seine Zuhörer ihre gewohnten Leiden und Probleme überwinden. Seine Rede und seine Schriften werden so zur Inspiration und Ermutigung – sie bringen Glück in die Welt. Wenn es uns auch gelingt, so zu sein, können wir viel bewirken.

Eine wahre Geschichte (1)

Buckminster Fuller war ein amerikanischer Visionär, der die geodätische Kuppel erfand und schon früh für die Nutzung der Sonnenenergie eintrat. Mit 32 Jahren jedoch erlitt er beinahe einen Zusammenbruch: Sein erstes Kind war gestorben. Er hatte eine Frau und einen Säugling, war aber bankrott, diskreditiert und arbeitslos. Er stand am Ufer des Michigan-Sees und dachte daran, sich das Leben zu nehmen, als ihm plötzlich klar wurde, dass sein Leben nicht ihm selbst, sondern dem Universum, gehörte. In diesem Moment beschloss er ein Experiment zu machen, um herauszufinden, was eine einzelne, mittellose und unbekannte Person für die gesamte Menschheit tun konnte. Er gelobte nicht mehr zu sprechen, bis alle seine Gedanken und Worte für andere hilfreich würden. Sein Schweigen dauerte zwei Jahre, ein Zeitabschnitt intensiver, von einer altruistischen Einstellung durchdrungener Kreativität. Buckminster Fuller hinterließ ein Vermächtnis an Erfindungen und erhielt dafür den Beinamen *Großvater der Zukunft*.

Eine wahre Geschichte (2)

Ein Sufiheiler wurde gerufen, um für ein krankes Kind zu beten. Als er fertig war, sprach ihn ein Mann aus der Umgebung an: „Du bist ein Betrüger! Wie kannst du jemanden nur mit Worten heilen?“ Der Meister wandte sich ihm zu und antwortete: „Was für ein Idiot du bist. Du weißt gar nichts!“ Der Mann wurde rot im Gesicht und zitterte vor Wut, worauf der Meister sagte: „Nun, mein Herr, wenn meine Worte Sie so erregen können, warum sollen sie nicht auch die Kraft zum Heilen haben?“

Übung

Wann hast du zum letzten Mal etwas gesagt, das dich innerlich zusammenzucken ließ? Kannst du eine Stunde lang jedes einzelne Wort mit Bedacht wählen? Kannst du ausschließlich Worte verwenden, die zum Wohlergehen deines Gegenübers beitragen? Höre gut in dich hinein, um herauszufinden, welche Worte du wählen solltest.

Betrachtung

- O Suche einen ruhigen Ort, an dem du dich entspannen kannst. Setze dich bequem hin und konzentriere dich auf deinen Atem. Kommen Gedanken, Bilder und Gefühle auf, so lasse sie einfach ziehen. Wenn dich etwas ablenkt, bringe deine Aufmerksamkeit zum Ein- und Ausatmen zurück. Genieße dieses Zur-Ruhe-Kommen einige Minuten lang.

- O Was bedeutet „Achtsame Rede" für dich? Erinnere dich daran, wie du einmal jemandem zugehört hast, der mit Güte, Einfühlungsvermögen und Weisheit sprach. Wie hat sich das angefühlt? Wie hat es sich angehört? Was hat es bei den Zuhörern bewirkt?

- O Denke über einige der Gespräche nach, die du heute geführt hast – über Inhalt, Tonlage und Absicht. Könnte man sie der Achtsamen Rede zuordnen?

- O Erinnere dich an eine Gelegenheit aus der letzten Zeit, bei der du über jemanden getratscht hast oder jemanden hinter seinem Rücken kritisiert hast, auch wenn es anstrengend oder unangenehm ist. Versuche dir das Gespräch in Erinnerung zu rufen, ohne dich oder dein Gegenüber zu verurteilen.

- O Gehe behutsam aber kritisch an die Sache heran. Womit warst du in dem Moment beschäftigt? Was hat dich veranlasst, so zu sprechen? Wie hast du dich gefühlt? Wie hat es auf andere gewirkt?

- O Stelle dir vor, dass du einen Raum betrittst, in dem zwei Menschen über dich sprechen. Sie sehen dich nicht, du kannst jedoch hören, wie sie tratschen und dich kritisieren. Male dir aus, dass das wirklich geschieht, und beobachte, wie du darauf reagierst. Wie reagiert dein Körper? Wie reagiert dein

Geist? Was empfindest du ihnen gegenüber? Was tust du als Nächstes?

- Wenn dieser erfundene Klatsch und die Kritik dich verletzt haben, so gehe ganz liebevoll und sanft mit dir um. Gib zu, dass es dir weh tut, ohne jedoch den anderen Schuld zuzuschreiben.

- Wende dich nun mit der gleichen liebevollen Güte und Sanftheit der Person zu, die du mit deiner Kritik und deinem Klatsch verletzt hast. Gibt es die Möglichkeit einer Wiedergutmachung? Was hält dich davon ab? Was braucht du, damit du in Zukunft vorsichtiger und weiser sprechen kannst?

- Beende die Übung mit dem Wunsch „Mögen alle Wesen glücklich sein!"

Zitate

Lärm beweist gar nichts. Eine Henne, die ein Ei gelegt hat, gackert, als sei es ein Planet.
Mark Twain, Vereinigte Staaten[7]

Stöcke und Steine mögen meine Knochen brechen, aber Worte können mich dazu bringen, mich in einer Ecke zu verkriechen und stundenlang alleine zu weinen.
Eric Idle, Großbritannien

Quellen

- www.nezperce.org ist die offizielle Webseite der Nez percé. Sie gibt Informationen über deren Stammesregierung, Projekte und Gebiete, ihre Geschichte, Feiern, Firmen und ihr Reservat.

- *Kent Nerburn, Chief Joseph and the Flight of the Nez Percé:* The Untold Story of an American Tragedy (HarperOne, 2005)

- Robert Penn Warren, Chief Joeseph of the Nez Percé (Random House, 1983) ist eine poetische Erzählung über das Leben von Häuptling Josef.

- Häuptling Josef wird in der Fernsehserie New Perspectives on the West von PBS (Public Broadcasting Service – eine nicht kommerzielle TV-Senderkette in den USA) vorgestellt, die auch Material für Schulen umfasst. Englischsprachige Webseite unter www.pbs.org/weta/thewest.

Anmerkungen

6 www.sh-programm.de/6_forum/forinf_zitate.html
7 aphoristiker-archiv.de/index_z.php?id=17604

Wie wir mit anderen umgehen

Wenn wir andere wertschätzen, wertschätzen wir uns selbst.

Ob es uns gefällt oder nicht, wir müssen mit der einfachen Tatsache leben, dass niemand ohne die Unterstützung anderer zurechtkommt. Schauen wir uns zum Beispiel an, wie wir frühstücken: Halbwach oder in Eile, um rechtzeitig zur Arbeit zu kommen, ist es leicht, die Menschen hinter den Kulissen zu vergessen, die unser Dasein erst ermöglichen. Sei es der Bauer, der das Korn für unser Brot anbaut, sei es der Ingenieur, durch dessen Leitungen das Wasser für den Kaffee fließt, oder der Lkw-Fahrer, der die Geschäfte beliefert: Wir haben unzählige Verbindungen mit anderen. Wenn wir diese Tatsache folgerichtig durchdenken, erkennen wir, dass wir mit allen Wesen auf diesem Planeten verbunden sind, ob sie jetzt leben, früher gelebt haben oder in Zukunft leben werden.

Unsere Neigung, diese unzähligen Verbindungen zu übersehen oder zu ignorieren, zeugt nicht nur von mangelndem Realitätssinn, in der entwickelten Welt ist sie auch eines der größten Hindernisse für unser Glück. Wir haben den tief verwurzelten Hang, uns selbst als getrennte Einzelwesen zu sehen, die hart daran gearbeitet haben, „eigenständig“ und „unabhängig“ zu werden. Werbebotschaften vermitteln, dass es in Ordnung ist, ichbezogen zu sein, sich vor allem um „Nr. 1“ zu kümmern und unsere eigenen Bedürfnisse und Anliegen höher zu werten als die der anderen. Sowohl in der Schule als auch bei der Arbeit, im Fernsehen und in den Zeitungen werden wir zum Wettbewerb anstatt zur Zusammenarbeit angeregt. Daraus folgen häufig Vereinsamung, Angst und Schwermut.

Wir können leicht erkennen, dass die glücklichsten Menschen oft diejenigen sind, die die wechselseitige Abhängigkeit von anderen anerkennen und herzliche, positive Beziehungen zu ihren Mitmenschen pflegen. Im Alltag ist dies wohl die direkteste Ursache von Glück oder Leid für jedes menschliche Wesen. Niemand wird gerne kritisiert oder abgelehnt – der bittere Nachgeschmack einer Missbilligung kann noch nach Tagen oder gar Jahren vorhanden sein. Hingegen hat jemand, der den Menschen in seiner Umgebung freimütig Unterstützung und Ermutigung zukommen lässt, niemals einen Mangel an Freunden. Anderen gegenüber gütig zu sein, ist Güte zu sich selbst.

An der Wurzel der stärksten und dauerhaftesten Beziehungen steht ein ehrlicher Wunsch, den anderen glücklich zu sehen. Wenn wir diesen Gedanken entwickeln, geben wir Anstoß zu einer Reihe von Ereignissen, bei denen wir auf natürliche Weise lernen, herzlicher und gütiger zu handeln, was es wiederum wahrscheinlicher werden lässt, dass unsere Mitmenschen positiv auf uns reagieren. Sogar wenn wir etwas falsch verstehen und uns unbeholfen verhalten, wird die Tatsache, dass wir niemanden verletzen wollten, dazu beitragen, dass die Situation sich nicht verhärtet.

Die vier Eigenschaften Respekt, Vergebung, Dankbarkeit und Loyalität sind mächtige Instrumente zur Festigung unserer Beziehungen mit unseren Mitmenschen. Da unser Glück von ihrem

09 Respekt

Jeden Tag mache ich mir Hunderte Mal bewusst, dass die Anstrengungen anderer, Lebender und Verstorbener, die Grundlage meines inneren und äußeren Lebens sind.
Albert Einstein, Deutschland/Vereinigte Staaten

WAS IST RESPEKT?

Jeder möchte und braucht Respekt. Er ist eine Grundvoraussetzung dafür, dass Menschen auf positive und konstruktive Weise in Beziehung zueinander treten. Wer andere achtet, erkennt, wie alle dieselben körperlichen, psychologischen oder spirituellen Grundbedürfnisse haben und wie hilfreich die Erfahrung und Weisheit anderer für uns sein kann.

Außerdem gibt es noch einen weiteren Aspekt des Respekts mit noch mehr Veränderungskraft. Von klein auf lernen und wachsen wir, indem wir andere Menschen bewundern und nachahmen. In traditionellen Gesellschaften war und ist dies ein genau geregelter Prozess. Weisheit und Lebenserfahrung werden als eine Form von Reichtum angesehen, der von einer Generation an die nächste weitergegeben wird. „Älter" bedeutet nicht bloß „alt". Warum gibt es heute oft die Tendenz, älteren und erfahreneren Menschen gegenüber achtlos zu sein?

Es gibt viele Menschen in unserer Umgebung, die wir achten und von denen wir lernen können – vorausgesetzt, wir entscheiden uns dafür und sind bescheiden genug. Respekt ist etwas, das man anderen entgegenbringen und nicht von ihnen einfordern sollte. Wie wählen wir die Menschen aus, die wir achten? Wie wirkt sich diese Wahl auf unser Leben aus? Wie kann Respekt zu einem glücklichen Leben beitragen?

WARUM ALBERT EINSTEIN?

Albert Einstein haderte sein ganzes Leben lang mit dem Thema Respekt. Davon zeugt seine bekannte Stellungnahme: „Es lebe die Dreistigkeit! Sie ist mein Schutzengel in dieser Welt!" Seine wissenschaftlichen Entdeckungen wurden durch eine besondere Fähigkeit zu hinterfragen vorangetrieben. „Ich habe keine speziellen Begabungen. Ich bin nur leidenschaftlich neugierig." Gleichzeitig war er fähig, wirklich bescheiden zu sein. Selbst als er bereits einer der renommiertesten Wissenschaftler der Welt war, beschrieb er sich selbst als neugieriges Kind, das vor den großen Geheimnissen des Universums steht.

Seine eigene Erforschung der Natur des Universums überzeugte Einstein davon, dass Menschen voneinander abhängen und nicht unabhängig voneinander existieren. „Wenn wir unser Leben und unsere Anstrengungen betrachten, stellen wir schnell fest, dass fast alle unsere Taten und Wünsche mit der Existenz anderer Menschen zusammenhängen", sagte er. Auf dieser Grundlage versuchte er, seinen Eltern ein verantwortungsvoller Sohn zu sein, auch wenn diese seine Heirat missbilligten. „Wir dürfen nicht vergessen, dass die Existenz der anderen, wie etwa meiner Eltern, unser Dasein erst ermöglicht", rief er seiner zukünftigen Frau – und sich selbst – in Erinnerung.

Einstein zufolge ist es unerlässlich in der menschlichen Entwicklung, dass wir Menschen, die über mehr Wissen oder Erfahrung verfügen, Respekt zollen. Als er in den Vereinigten Staaten lebte, wurde er vom Bildungsministerium des Staates New York eingeladen, über seine Ansichten zum Bildungswesen zu sprechen. „Im Geschichtsunterricht", meinte er, „sollte es ausgeprägte Diskussionen über Persönlichkeiten geben, die der Menschheit durch die Unabhängigkeit ihres Charakters und ihres Urteils Nutzen gebracht haben."

In Übereinstimmung mit seinen Ansichten war Einstein seinen wissenschaftlichen Helden gegenüber voller Ehrfurcht. Er konnte sich allerdings auch ausnehmend respektlos gegenüber Lehrern verhalten, die er nicht bewunderte. „Wir sollten jeden Menschen als Individuum respektieren, aber niemanden vergöttern", sagte er. Einstein war zwar in der Lage, jemanden von Herzen zu respektieren, aber es war wichtig für ihn, dass das auf dem eigenen Denkvermögen basierte. Er betonte bei mehreren Gelegenheiten, dass blinder Gehorsam einer Autorität gegenüber der größte Feind der Wahrheit sei. Vielleicht war es diese Verbindung von Respekt und freiem Denken, die die großartigen Errungenschaften des Naturwissenschaftlers und menschenfreundlichen Denkers ermöglichte.

WIE FÜHRT RESPEKT ZU GLÜCK?

Respekt fühlt sich gut an, egal ob wir ihn jemandem zollen oder ob er uns entgegengebracht wird. Er wärmt das Herz und hebt die Stimmung. „Ich mag diese Person. Ich respektiere, wie sie sich gibt, was sie sagt, wie sie sich benimmt." Worte sind dabei oft überflüssig. Wir wissen intuitiv, ob wir einen Menschen achten und ob wir von ihm geachtet werden.

Respektlosigkeit hingegen bringt auf schmerzliche Weise zum Ausdruck, dass wir den Leistungen oder Bedürfnissen einer anderen Person keine Aufmerksamkeit schenken. Statt Nähe und Wärme schafft Respektlosigkeit Einsamkeit und Isolation. Wir spüren es, wenn das geschieht: Ein Witz wird auf unsere Kosten gemacht. Zwei Kollegen tauschen ein wissendes Grinsen aus. Wir werden zu einer wichtigen Sitzung nicht eingeladen. Wir fühlen uns mutlos und unser Selbstvertrauen bröckelt. Wir fühlen uns verfolgt. Das ist ein sehr einsamer Ort.

Wenn uns jemand achtet, erkennt er damit an, wer wir sind und wie wir leben. Es muss dabei nichts Auffallendes oder Aufsehenerregendes passieren. Wir können jemanden dafür achten, dass er nur einen Satz gesagt hat – oder dafür, dass er geschwiegen hat. Wir können die Person, die den Boden des Sitzungszimmers putzt, genauso – oder mehr – achten als diejenige, die in einem mächtigen Bürostuhl sitzt und die Schecks unterschreibt.

Aufrichtiger Respekt kommt von Herzen und wird gratis vergeben. Er orientiert sich nicht an weltlichen Leistungen. Der Universitätsprofessor, der ständig betont, wie viele Bücher er bereits geschrieben hat, untergräbt häufig seine Glaubwürdigkeit. Der Militärherrscher, der durch eindrucksvolle Uniformen, extravagante Zeremonien, mächtige Statuen oder imposanten Städtebau Respekt erheischen will, versucht Ansehen auf wackligen Fundamenten zu konstruieren.

Damit Respekt heilsam sein kann, muss er in Weisheit und Urteilskraft wurzeln. Wir müssen vorsichtig abwägen: Wie glücklich sind die Menschen, die wir achten möchten? Verfügen sie über die Eigenschaften und Fähigkeiten, deren Verwirklichung wir am meisten anstreben? Kinder verbringen sehr viel Zeit damit, von den Eigenschaften ihrer Helden zu träumen und diese nachzuahmen, und sie wünschen sich dabei, deren gutes Aussehen, deren Fertigkeiten, Reichtum und Intelligenz zu besitzen. Unser Leben wird geprägt davon, welche Menschen wir hoch achten.

Die Kraft und die Energie zum Überwinden unserer üblichen Grenzen kommen häufig von der Inspiration durch jemanden, der auf dem Pfad weitergekommen ist und uns anspricht. Alle in diesem Buch vorgestellten Menschen verfügen über dieses besondere Potenzial. Ob uns nun der aufrichtige Blick von Aung San Suu Kyi oder das spielerische Genie eines Albert Einstein in ihren Bann ziehen – wir bewundern ihre einzigartigen Qualitäten und wünschen uns, ihnen etwas ähnlicher zu werden.[8]

„Wie eingebildet bin ich, mir vorzustellen, dass ich so sein könnte – das ist doch unmöglich", dieser Gedanke hält uns zurück. „Wie kann ich diese Menschen verstehen und von ihnen lernen?", ist der Gedanke, der uns voranbringt. Wir müssen irgendwie zu den Menschen, die wir bewundern, eine Verbindung schaffen, die uns antreibt und nicht hinunterzieht. Wir erfahren die Schattenseite des Respekts, wenn er in Trägheit und Niedergeschlagenheit oder sogar Neid umschlägt, sodass wir denken: „Das schaffe ich nie."

Können wir aus der Welt des Sports etwas über Respekt lernen? Ein Athlet, der sich auszeichnen will, sucht sich einen Trainer oder Mentor aus, der seine Achtung verdient. Vielleicht handelt es sich um jemanden, der bereits erfolgreich war und weiß, was zu tun ist. Jemand, der Geduld und Ausdauer besitzt, um mit dem Schüler durch alle Höhen und Tiefen zu gehen; der uneigennützig genug ist, sich an den Erfolgen der Schüler zu erfreuen. Das ist ein bewährtes Rezept für Erfolg und ausgezeichnete Leistungen.

Es gibt eine alte indische Erzählung namens „Die vier harmonischen Freunde", die veranschaulicht, wie wichtig es ist, dass die verschiedenen Mitglieder einer Gesellschaft sich gegenseitig respektieren und gemeinsam für das Gemeinwohl arbeiten. Sie handelt von einem Elefanten (der Älteste), einem Affen, einem Hasen und einem Vogel, die alle zusammen in einem schönen Wald leben. Ihnen wird bald klar, dass sie ohne Zusammenarbeit und gegenseitigen Respekt nicht an das nötige Futter gelangen. Die Geschichte wird oft durch ein Bild illustriert, auf dem die vier Tiere aufeinander stehen, um an eine köstliche Frucht zu gelangen, die an einem Baum hängt. Da sie die Qualitäten der anderen anerkennen, können sie in Frieden leben und tragen zum Wohlergehen der ganzen Gemeinschaft bei.

Eine wahre Geschichte

1981 merkte eine Hausfrau namens Barbara Wiedner, dass auf einem Luftwaffenstützpunkt in der Nähe ihres Hauses in Sacramento, Kalifornien, 150 Atomsprengköpfe zum Abschuss bereitstanden. Sie war bestürzt darüber, dass „meine geliebten Enkel zur letzten Generation auf der Erde gehören könnten, falls sich die Dinge nicht ändern", und gesellte sich zu den Atomwaffengegnern – mit einem (von einer ihrer Enkelinnen gefertigten) Schild, auf dem „Grandmother for Peace"[9] stand. Im nächsten Jahr, als sie zum ersten Mal wegen gewaltlosen, zivilen Ungehorsams im Gefängnis saß, beschloss Barbara, sich mit anderen Großeltern in Verbindung zu setzen, um aus ihrer einzigartigen Stimme und Rolle in der Gesellschaft Kapital zu schlagen. „Grandmothers for Peace" ist heute ein internationales Netzwerk von Freiwilligen, das Kampagnen für „Friedens- und Gerechtigkeitsfragen, die die Menschenfamilie bewegen" organisiert, etwa zur Gefahr von Atomkraftwerken und radioaktivem Abfall, der Bewaffnung des Weltraums und der Militarisierung der Welt. Es vergibt auch ein Friedens- und Gerechtigkeitsstipendium namens *Peace and Justice Scholarship Award* und setzt sich dafür ein, die Generation der Enkel gewaltfrei zu erziehen. Barbara sagte: „In den meisten Kulturen werden Großmütter als ‚Friedenshüterinnen' geehrt. Diese Tatsache inspiriert und motiviert uns, aber wir erkennen auch, dass wir uns in der heutigen gefährlichen Welt nicht länger im Schaukelstuhl sitzend für den Frieden einsetzen können." Barbara starb im Dezember 2001, aber das Netzwerk, das sie gegründet hat, wächst weiter.

Mit freundlicher Genehmigung von www.grandmothersforpeace.org

Übung

Wenn du ein Vorbild für dein Leben auswählen müsstest, wer wäre es? Welche der Stärken dieser Person würdest du gerne besitzen? Welche Stärken habt ihr gemeinsam? Was ist deine besondere Art, diese Stärken auszudrücken? Achte in der nächsten Woche darauf, wann du deine Stärken für etwas Positives einsetzt, erfreue dich daran und denke an die Person, die dich dazu inspiriert hat.

Betrachtung

- Suche einen ruhigen Ort, an dem du dich entspannen kannst. Setze dich bequem hin und konzentriere dich auf deinen Atem. Kommen Gedanken, Bilder und Gefühle auf, so lasse sie einfach ziehen. Wenn dich etwas ablenkt, bringe deine Aufmerksamkeit zum Ein- und Ausatmen zurück. Genieße dieses Zur-Ruhe-Kommen einige Minuten lang.

- Erinnere dich an die Geschichten, die du in diesem Buch gelesen hast. Denke darüber nach, was dich an ihnen anzieht. Gibt es einen Menschen, der dich besonders inspiriert? Du kannst auch jemanden auswählen, der nicht in diesem Buch vorkommt und den du persönlich kennst. Denke in beiden Fällen über die ganz besonderen Eigenschaften nach, die du bei dieser Person besonders achtest.

- Überlege, welche Eigenschaften dieser Person du am liebsten entwickeln möchtest. Sind es Qualitäten, die du bereits besitzt? Erinnere dich an Gelegenheiten, in denen einige dieser Eigenschaften zumindest in einem gewissen Maß in deinem Denken, Reden oder Handeln zum Ausdruck kamen. Was hast du schon jetzt gemeinsam mit den Menschen, die du bewunderst?

- Stelle dir die Person, zu der du aufsiehst, nun als Baby und dann als Kleinkind vor. Denke darüber nach, wie sie sprechen, laufen, lesen und schreiben lernen musste – ganz so wie du. Besinne dich auf die Momente mitten in der Nacht, wenn sie Angst und Zweifel hatte. Welche Fehler hat sie deines Erachtens gemacht? Wie ist sie damit umgegangen?

- Versuche, die Verletzlichkeit und Menschlichkeit dieser Person, die du achtest, zu akzeptieren. Sie ist ein Mensch, genau wie du. Verweile nun ein wenig bei der Verletzlichkeit dieses Menschen. Ändert diese Wahrnehmung etwas an der Art deines Respekts?

- Gibt es irgendeinen Grund, warum du nicht dieselben Qualitäten entwickeln kannst, die du an anderen bewunderst? Kannst du deine eigenen Begrenzungen überwinden, insbesondere deine begrenzte Sicht deines eigenen Potenzials?

- Erlaube dir für einige Minuten, „groß zu denken" – so wie sie es getan haben mögen.

- Beende die Übung mit dem Wunsch „Mögen alle Wesen glücklich sein!"

Zitate

Anerkennung ist eine wunderbare Sache: Durch sie kommen auch wir in den Besitz der guten Eigenschaften der anderen.
Voltaire, Frankreich

Jeder, sei er auch noch so schlecht, respektiert doch insgeheim das Gute.
Benjamin Franklin, Vereinigte Staaten

Quellen

- Auf der Seite www.alberteinstein.info finden sich die wissenschaftlichen und nicht wissenschaftlichen Manuskripte des „Albert Einstein Archives“ an der Hebräischen Universität von Jerusalem sowie eine umfangreiche Archivdatenbank.

- Albert Einstein. Mein Weltbild. Berlin, 2005

- Walter Isaacson. Einstein – His Life and Universe (London: Simon & Schuster, 2007)

- Abraham Pais. Raffiniert ist der Herrgott … – Albert Einstein, eine wissenschaftliche Biografie. Heidelberg/Berlin, 2000. Dieses Buch gibt einen Überblick über Einsteins wissenschaftliches Werk.

- Auf der Webseite des American Museum of Natural History gibt es unter www.amnh.org/exhibitions/einstein eine Ausstellung zum Leben und Werk von Einstein.

Anmerkungen

8 „Suche dir jemanden, der eine vergleichbare Situation vorbildlich gemeistert hat. Und mache dir außerdem klar, was du mit dieser Person alles gemeinsam hast. Das ist ein Aufwärtsvergleich, der häufig inspirierend wirkt und helfen kann, eine Krise zu überwinden.“ Thomas Mussweiler, Prof. für Sozialpsychologie, Universität Köln (Anmerkung der Übersetzerin)

9 Großmutter für den Frieden

10 Vergebung

Vergebung ist nicht nur ein Zeichen von Altruismus. Sie ist die beste Form von Eigeninteresse.
Desmond Tutu, Südafrika

WAS IST VERGEBUNG?

Vergebung ist die Fähigkeit, unseren Seelenfrieden wiederzufinden, nachdem etwas geschehen ist, das unser inneres Gleichgewicht gestört hat. Auf unserem Lebensweg ist es unvermeidlich, dass wir uns gegenseitig verletzen. In unserer Welt, die immer komplexer und vernetzter wird, steigt auch das Potenzial für Konflikte. Wir können wählen, ob wir diesen Verletzungen und Konflikten mit Zorn und Verbitterung oder mit Vergebung begegnen wollen.

Vergeben ist nicht dasselbe wie Vergessen. Es bedeutet nicht, den angerichteten Schaden schönzureden oder so zu tun, als wäre nichts passiert. Aber es ermöglicht uns, destruktive Einstellungen zur Vergangenheit loszulassen, die sowohl uns als auch die Menschen, die uns verletzt haben, in einem Kreislauf von gegenseitigen Schuldzuweisungen und Schuldgefühlen gefangen halten. Wenn unser Wunsch nach Versöhnung und Frieden stärker ist als unsere Wut, Enttäuschung oder unser Schmerz, bietet Vergebung die Möglichkeit eines Neuanfangs.

Es kann uns als unausführbar erscheinen zu vergeben, und Vergebung kann weitreichende Konsequenzen haben – aber im Grunde ist sie nichts weiter als eine Änderung der Geisteshaltung. Vergebung muss von einem aufrichtigen, tief sitzenden Wunsch motiviert sein, Leid und Schmerzen – seien es unsere eigenen oder die der anderen – zu lindern. Das kann nicht erzwungen werden. Hat jeder Mensch die Fähigkeit zu vergeben? Kann alles vergeben werden? Ist Vergebung etwas, das wir lernen können?

WARUM DESMOND TUTU?

Wenn Desmond Tutu über Vergebung spricht, erzählt er oft die Geschichte des jungen Anti-Apartheid-Aktivisten Malusi Mpumlwana, der in den späten 70er- und frühen 80er-Jahren ohne Gerichtsverfahren im Gefängnis saß und von der südafrikanischen Sicherheitspolizei gefoltert wurde. Malusi überstand diese brutale Behandlung unter anderem deshalb, weil er sich ins Bewusstsein rief, dass auch die Polizisten, obwohl sie ihn so unmenschlich behandelten, Kinder Gottes waren, die ihn brauchten, um die ihnen abhandengekommene Menschlichkeit wieder zurückzuerlangen.

Die Wahrheits- und Versöhnungskommission (Truth and Reconciliation Commission, TRC), die 1995 gegründet wurde, um versöhnliche statt vergeltende Gerechtigkeit im neuen Südafrika zu fördern, hat ihre Wurzeln in derselben Weltanschauung: Wir sind alle miteinander verbunden und brauchen einander gegenseitig, um zu lernen und uns weiterzuentwickeln. Als Kommissionsvorsitzender hörte sich Tutu erschütternde Zeugenaussagen an, die ihn zu Tränen rührten. Gleichwohl blieb er bei seiner Überzeugung, dass jeder Mensch das Potenzial zur Vergebung und Aussöhnung besitzt. „Ja, diese Menschen haben sich fürwahr abscheulicher und entsetzlicher Handlungen schuldig gemacht, das hat sie aber nicht in Ungeheuer oder Dämonen verwandelt."

Bischof Tutu ist ein bodenständiger Mensch. Er hat zum Beispiel erwähnt, wie schwer es ihm selbst fällt, sich bei seiner Frau zu entschuldigen, sogar in der vertrauten und liebevollen Atmosphäre ihres Schlafzimmers.

Er ist zu der Überzeugung gelangt, dass jeder Mensch Fehler macht, und der erste Schritt ist, dies einzugestehen. Bedauern oder Reue führen zu Bekenntnis, zu Vergebung und schließlich zu Versöhnung. Er beharrt darauf, dass Unrecht nicht ignoriert oder unter den Teppich gekehrt werden kann. Er sagt: „Wenn du dich angesichts eines Unrechts neutral verhältst, so hast du die Seite des Unterdrückers gewählt. Wenn ein Elefant seinen Fuß auf dem Schwanz einer Maus hat, und du sagst, du bist neutral, so wird die Maus deine Neutralität sicher nicht schätzen."

In gewisser Hinsicht mag es ungewöhnlich erscheinen, dass eine Persönlichkeit wie Desmond Tutu den Friedensnobelpreis bekommt. Er ist oft sehr direkt und provokativ und hatte lebhafte öffentliche Auseinandersetzungen mit anderen südafrikanischen Führungspersönlichkeiten wie Thabo Mbeki und sogar Nelson Mandela. Wie der Prophet Jeremias aus dem Alten Testament kann er sich mit seiner Meinung nicht zurückhalten. Genau diese Offenheit und Verletzlichkeit stärken jedoch seine Fähigkeit, mit anderen Menschen in Kontakt zu treten und sie zu ermutigen, ihre eigene Bereitschaft zur Versöhnung zu entwickeln. Mit seinem breiten Lächeln und ansteckenden Kichern ist er nun als Botschafter der Versöhnung um die ganze Welt gereist.

WIE FÜHRT VERGEBUNG ZU GLÜCK?

Vergebung ist das krönende Resultat unserer einzigartigen Fähigkeit zu lieben und jemand anderem die Hand zu reichen, was auch immer zwischen uns vorgefallen sein mag. Je öfter wir vergeben, desto öfter erfahren wir den daraus entstehenden Nutzen. Die Freude hält wieder bei uns Einkehr. Wir schlafen besser. Unsere Energie kehrt zurück. Alle fühlen sich unbeschwerter und fröhlicher. Neue Ebenen der Verständigung, Kreativität und Vertrautheit werden erreicht.

Es ist ein Triumph des menschlichen Geistes, wenn Menschen Güte und Harmonie den Vorrang vor Bitterkeit und Streit geben, wenn es ihnen gelingt, ihren Zorn zu überwinden, wieder das

Gespräch zu suchen oder freundschaftlich demjenigen die Hand zu reichen, der sie verletzt hat. „War diese Person tatsächlich in der Lage zu vergeben? Nach allem, was sie durchgemacht hat?"

Vergeben heißt anzuerkennen, dass das Leben sich wandelt. Menschliche Beziehungen sind vielschichtig und verändern sich ständig. Das Drama, das wir erleben, ist nur ein Teil des Bildes, ein Puzzlestück. Vergebung erkennt an, dass es eine weitere Perspektive gibt, auch wenn wir sie vielleicht nicht finden können.

Es ist so schmerzhaft, an Groll festzuhalten, die Samen unseres Zorns zu gießen und sich im Schmerz über ein reelles oder eingebildetes Unrecht zu vergraben. Missachten wir das Leid, so kann das über viele Generationen hinweg zu unglücklichen Beziehungen führen. Werden wir uns dagegen der ungesunden Kräfte bewusst, so kann uns das motivieren, Abhilfe zu schaffen.

Kleine Kränkungen zu vergeben, gehört zum täglichen Leben. Jemand, der das gut kann, zeichnet sich durch eine gewisse Ruhe und Herzlichkeit aus. Wir bewundern Menschen, die vergeben, und fragen uns, welches wohl ihr Geheimnis ist. Heldengeschichten über Menschen, die als Opfer von Verrat, Entehrung oder einer Tragödie zu Vergebung fähig waren, können uns unseren Glauben in die menschliche Natur zurückgeben und lassen unsere eigenen Dramen als Kleinigkeiten erscheinen. Sie können uns dazu inspirieren, unsere eigene Einstellung zur Vergebung zu prüfen, deren Vielschichtigkeit anzuerkennen und zu sehen, dass sie eine reale Möglichkeit darstellt.

Immer wenn wir es schaffen zu vergeben, wird es leichter für das nächste Mal. Es gibt uns die Sicherheit, dass wir es können, egal wie verwirrt oder verletzt wir uns auch fühlen. Vielleicht überraschen wir uns selbst damit und gewinnen allmählich das Vertrauen, mit frischen und vielleicht größeren Verletzungen umzugehen. „Ich war in der Lage, das zu vergeben ... so kann ich jetzt auch den Rest verzeihen." Wie können wir uns das zur Gewohnheit machen?

Der Schlüssel zur Vergebung heißt Geben – und zwar das, was Wert für uns hat, und unser Bestes. Es geht vor allem darum, aufmerksam zu sein: zuerst gegenüber uns selbst und dann gegenüber der Person oder Situation, von der wir uns verletzt fühlen.

Es ist ein Akt von Großzügigkeit und Selbstaufgabe, unsere Vorurteile und Voreingenommenheit zur Seite zu legen und der Geschichte eines anderen Menschen genau zuzuhören – all unsere Energie und Aufmerksamkeit auf diesen Vorgang zu richten und uns nicht vom Zynismus in unserem eigenen Geist ablenken zu lassen.

Es ist unwahrscheinlich, dass wir die nötige Klarheit und Güte zum Vergeben finden, wenn wir uns selbst gegenüber unversöhnlich, ängstlich und voller Abwehr sind. Was kostet es uns schon, unsere Aufmerksamkeit sanft nach innen zu richten und uns einzugestehen, dass wir ungeschickt handeln und sprechen, dass wir anderen Schmerz zufügen und dass wir unsere eigenen Ansprüche nicht erfüllen? Jeder Mensch begeht Fehler, das gehört zum Leben und ist die einzige Möglichkeit zu lernen. Und doch sind viel Mut und manchmal auch die Unterstützung einer anderen Person nötig, damit wir uns unsere eigene Verletzlichkeit und unseren Schmerz eingestehen.

Können Vergebung und Versöhnung stattfinden, ohne dass wir uns dem Menschen stellen, der uns geschadet hat oder der die Wirkung unseres eigenen ungeschickten Verhaltens aushalten musste? Es kann sinnvoll sein, sich zunächst von dem Menschen oder der Institution, von der wir geschädigt wurden, fernzuhalten. Wenn die wirkliche Arbeit in uns, im Privaten, stattgefunden hat, können wir selbst entscheiden, ob eine nach außen getragene Aussöhnung notwendig oder hilfreich ist.

Vergebung kann noch Jahre nach dem eigentlichen Vorfall eine magische Wirkung haben. Sind die Geschehnisse vorbei und die Menschen weitergezogen, dann halten uns nur noch unsere Gedanken und Gefühle am Ort der Unversöhnlichkeit fest. Wenn wir den Mut finden, ihn zu verlassen, so ist das nur zu unserem eigenen Vorteil. Das Gefühl kann herrlich sein – als würden wir blinzelnd ins helle Sonnenlicht treten.

Eine wahre Geschichte

Anne Gallagher ist eine ehemalige Krankenpflegerin aus Belfast, die Bomben- und Schussopfer auf beiden Seiten der Bürgerkriegsfront gepflegt hat. „Als ich sie so daliegen sah, nackt und an lebenserhaltenden Maschinen angeschlossen, sah ich keine Uniform, ich sah nur ihre Herzen, ihren Schmerz.“ Sie erlebte den Nordirlandkonflikt selbst hautnah mit. Ihr Vater und drei ihrer Brüder wurden ohne Gerichtsverfahren eingesperrt und ihr Bruder Dominic wurde vor den Augen seines kleinen Sohnes erschossen. Als Reaktion gründete sie *Seeds of Hope*[10], eine Organisation, die Betroffenen dabei hilft, ihre Geschichten über den Bürgerkrieg zu erzählen – mithilfe von Musik, Kunst, Schauspiel, Schreiben oder Sport. „Wir hören uns die Geschichten der Leute an, urteilen aber nicht darüber. Darin steckt das Heilsame. Die Idee dahinter ist folgende: Wenn du meine Geschichte hörst und ich deine, wird sie unsere Geschichte, und Samen der Hoffnung sind gesät.“ Ähnliche Aktivitäten werden nun in Gefängnissen, Schulen und Gruppen in Schweden, Belgien und den Vereinigten Staaten durchgeführt.
Mit freundlicher Genehmigung von The Forgiveness Project.
www.theforgivenessproject.com

Übung

Welche Person schafft es, dich am meisten zu irritieren und zu ärgern? Wie viel Zeit verwendest du darauf, über sie nachzudenken? Überprüfe: Ärgerst du dich, wenn dieser Mensch deine eigenen Erwartungen oder Bedürfnisse nicht erfüllt? Sind deine Erwartungen realistisch? Kannst du in deinem Geist einen Raum schaffen, in dem Vergebung Wurzeln schlagen kann? Kann dir das helfen, damit du beim nächsten Mal weniger wütend wirst?

Betrachtung

- Suche einen ruhigen Ort, an dem du dich entspannen kannst. Setze dich bequem hin und konzentriere dich auf deinen Atem. Kommen Gedanken, Bilder und Gefühle auf, so lasse sie einfach ziehen. Wenn dich etwas ablenkt, bringe deine Aufmerksamkeit zum Ein- und Ausatmen zurück. Genieße dieses Zur-Ruhe-Kommen einige Minuten lang.

- Stelle dir beim Einatmen vor, dass du wohltuendes Licht einatmest. Es ist weiß, die Farbe der Reinheit. Das Licht verkörpert alles Positive, das es im Universum gibt. Es verkörpert alle Eigenschaften der Menschen, die du bewunderst, und die du selbst entwickeln möchtest.

- Stelle dir beim Einatmen vor, dass dieses Licht durch deinen ganzen Körper fließt – von den Zehen bis zu den Fingerspitzen. Es füllt jeden klitzekleinen Teil deines Körpers bis in die Zellen, die Atome und die subatomaren Teilchen.

- Nimm dir etwas Zeit, das weiße Licht einzuatmen und lasse es sich im ganzen Körper ausbreiten. Stelle dir vor, dass es die Fähigkeit besitzt, alle Sorgen, Probleme, Schmerzen und Krankheiten deines Körpers und Geistes zu heilen.

- Sei überzeugt davon, dass dies tatsächlich geschieht, dass dieses herrliche, helle Licht tatsächlich in deinen Körper fließt und dich vollkommen ausfüllt. Dein Körper wird leicht, durchscheinend und entspannt.

- Beginne nun, dir vorzustellen, wie dunkler Rauch oder Schadstoffe aus deinem Körper treten, wenn du ausatmest. Dieser Rauch symbolisiert all jene Male, in denen du auf dich selbst wütend warst, als du etwas sagtest, das du bereutest oder das sich nicht korrekt anfühlte.

- Lasse diese Wut und diesen Schmerz jedes Mal, wenn du ausatmest, in Form von dunklem Rauch aus deinem Körper hinausströmen. Beobachte, wie er sich im Raum auflöst. Er verschmutzt oder stört nichts, er verschwindet einfach im Raum.

- Übe so lange weiter, wie du kannst: Das weiße Licht strömt in den Körper, der dunkle Rauch aus ihm heraus. Vergib dir selbst. Genieße das Gefühl, dass Körper und Geist glückselig und völlig klar werden, frei von Sorgen und negativen Gedanken.

- Beende die Übung mit dem Wunsch „Mögen alle Wesen glücklich sein!"

Zitat

Gott, denke nicht nur an die Männer und Frauen guten Willens, sondern auch an die Boshaften. Doch erinnere dich nicht an die Leiden, die sie uns zugefügt haben. Erinnere dich an die Früchte, die durch dieses Leiden entstanden sind, unsere Kameradschaft, unsere Loyalität, unsere Demut, unseren Mut, unsere Großzügigkeit, die Größe des Herzens, die daraus gewachsen ist. Und wenn sie gerichtet werden, lasse alle Früchte, die wir hervorgebracht haben, ihre Vergebung sein.
Gebet einer unbekannten Frau, gefunden auf einem Stück Einwickelpapier im Konzentrationslager Ravensbrück.

Quellen

- www.tutu.org ist die englischsprachige Webseite des *Desmond Tutu Peace Centre*, das den Frieden unterstützt, indem es ethische, visionäre und wertebasierte menschliche Entwicklung fördert.

- Desmond Tutu ist der Autor von neun Bänden gesammelter Predigten und Texte, darunter: „Versöhnung – Sei wahr und werde frei" (Herder 2008) und „Gott hat einen Traum: Neue Hoffnung für unsere Zeit" (Hugendubel 2004).

- John Allen, Desmond Tutu: Die Biografie. Gütersloh, 2008

- Michael Jesse Battle, Reconciliation: The Ubuntu Theology of Desmond Tutu (Pilgrim Press, 1997)

Anmerkung

10 Samen der Hoffnung

11 Dankbarkeit

Wenn du glaubst, du seist halbwegs erleuchtet, so verbringe eine Woche mit deinen Eltern!
Ram Dass, Vereinigte Staaten

WAS IST DANKBARKEIT?

Dankbarkeit würdigt unsere Verbundenheit mit anderen Wesen und unsere Fähigkeit, uns gegenseitig zu unterstützen. Sie ist eine Form der Offenheit und Großzügigkeit, die Beziehungen stärkt und uns hilft, Spannungen, Missgunst und Wut abzubauen. Dankbarkeit bringt uns dazu, unnötige Komplikationen abzustreifen und einfach und natürlich miteinander umzugehen. Sie führt zu Frieden und Harmonie.

Wenn jemand dankbar uns gegenüber ist, stärkt das unser Vertrauen, dass wir eine positive Rolle in dieser Welt spielen. Wir fühlen uns angenommen, ermutigt und angespornt. Wenn wir uns jemandem gegenüber aufrichtig dankbar zeigen können, erleben wir dies als angenehmen Geschmack im Mund, als warmes Gefühl im Herzen, als einen Energiestoß. Wertschätzung fühlt sich gut an.

Dankbarkeit wurzelt in der Weisheit, dass wir weder unabhängig noch selbstständig leben können, sondern dass wir Teil eines außergewöhnlichen Systems von Ereignissen und Lebewesen auf diesem Planeten sind. Sie regt uns dazu an, die Realität so anzunehmen, wie sie ist, statt uns gegen sie aufzulehnen, egal ob sie positiv oder negativ erscheint. Zu lernen, jede Kleinigkeit, die geschieht, als potenzielle Quelle von Einsicht und Wachstum wahrzunehmen, ist eine der Hauptgrundlagen für ein glückliches Leben.

WARUM RAM DASS?

Ram Dass, der ehemalige amerikanische Psychologieprofessor Richard Alpert, war einer der typischen Vertreter der Hippie-Bewegung, in der auf der Suche nach der Wahrheit mit Drogen experimentiert wurde. Dankbarkeit passt nicht gerade gut zu deren freidenkerischen Einstellung. Diese Hippies waren Rebellen, die häufig dem Mief ihres Zuhauses entflohen und jahrelang nach Indien verschwanden. Doch Ram Dass ging einen Schritt weiter und gründete die *Hanuman Foundation*[11], um der Liebe und der Hilfsbereitschaft, die er dort erfahren hatte, eine konkrete Form zu geben und um ihr ein Denkmal zu setzen.

Ram Dass beschreibt sein Leben als eine Reihe von Ereignissen, in denen er eine Vorreiterrolle einnahm, zum Beispiel bei der psychedelischen Bewegung (in den Sechzigern), bei der Öffnung des Westens für die östliche Spiritualität (in den Siebzigern), bei der Umwandlung des Alltags in spirituelle Praxis (in den Achtzigern) und als Lehrer zum Thema Alter und Krankheit (in den Neunzigern). Er sah all diese Phasen als lehrreiche Erfahrungen, und infolge dessen ist alles, was er geschrieben und gelehrt hat, von einer tiefen Dankbarkeit durchdrungen.

Ram Dass' frühe Beziehung zu seinen Eltern war nicht einfach, aber als sie älter wurden, bemühte er sich bewusst darum, die von ihnen erfahrene Güte zurückzugeben. In seinem Buch über Altern, Veränderung und Tod mit dem Titel *Die Reise geht weiter* beschreibt er seine Erfahrung als Pfleger seines Vaters. Zuerst empfand er diese Tätigkeit als Beschränkung seines persönlichen Lebens, als etwas Aufgezwungenes, aber nach und nach konnte er sie als ein Geschenk sehen, das ihn aus seiner egozentrischen Anhaftung an eine äußere Freiheit entließ.

Ram Dass fordert die „Herz-zu-Herz-Beatmung" der Gesellschaft. Er ist fest davon überzeugt, dass sowohl die persönliche als auch die gesellschaftliche Wandlung mit alltäglichen Einstellungen beginnt, etwa mit Dankbarkeit und Mitgefühl für andere. Er sieht die Arbeit an seiner eigenen Persönlichkeit als Geschenk für andere und als Mittel an, um dem Kreislauf von Schmerz und Leid in der Welt etwas entgegenzusetzen. Er begann sein Leben mit der Suche nach Freiheit durch Unabhängigkeit, erkennt aber an dessen Ende, dass es sich dabei um einen Widerspruch handelt: Freiheit kann nur erlangt werden, wenn man sich auf andere stützt.

WIE FÜHRT DANKBARKEIT ZU GLÜCK?

Was passiert, wenn wir unsere Dankbarkeit durch ein herzliches „Dankeschön", eine Karte oder ein Geschenk, ein Lächeln oder eine Umarmung ausdrücken? Für die Dauer dieses Moments sind unser Blick freundlich, unser Körper entspannt und unser Geist in Frieden. In unserem Inneren verändert sich etwas, und Schranken werden abgebaut. Wenn wir einander echte Dankbarkeit entgegenbringen können, liegt ein besonderes Gefühl in der Luft. Dies kommt vielleicht daher, dass wir eingestehen, nicht alles im Alleingang machen zu können. Mit unserem „Dankeschön" versichern wir der anderen Person, dass sie in der Lage ist, zu unserem Wohlbefinden beizutragen. Es stärkt das Selbstvertrauen und die Selbstachtung und unterstützt den anderen dabei, weiterhin freundlich zu sein. Wenn wir übersehen, was andere für uns getan haben, so ist dies eine Form von Zurückweisung oder gar eine subtile Demütigung. Wir vermitteln damit, dass ihr Beitrag keinen Wert hat.

Im Zentrum unserer Dankbarkeit sollten logischerweise jene Erwachsenen stehen, die uns zur Welt gebracht und aufgezogen haben. Ohne sie hätten wir niemals gelernt zu essen, uns anzukleiden, zu waschen oder zu sprechen. Trotzdem fällt es uns bei ihnen üblicherweise besonders schwer, Wertschätzung zu entwickeln. Es kann so schwierig sein, unsere Abwehrhaltung aufzugeben, über frühere Schwierigkeiten hinwegzusehen und zuzugeben, wie viel wir ihnen zu verdanken haben. Diese Unfähigkeit kann der Auslöser für jahrelange Belastungen sein.

Wir können die Kraft der Dankbarkeit im Familienleben am Schmerz erkennen, der entsteht, wenn eben diese abwesend ist. Dann kommt leider oft Verurteilung oder Kritik zum Vorschein, die auch mit Schuldzuweisungen und emotionaler Erpressung einhergehen: „Dafür solltest du dankbar sein!" oder „Du schätzt nicht, was ich für dich getan habe!" Welche inneren Verstrickungen sind hier zu entwirren?

Eltern sind nicht die einzige Herausforderung. Es kann genauso schwierig sein, anderen uns nahestehenden Menschen unsere Dankbarkeit zu zeigen – unseren Partnern, Kindern und ältesten Freunden. Selbst wenn wir gelernt haben, Blumen und Schokolade zu verschenken oder Feste und Leckerbissen zu besonderen Anlässen zu organisieren, mögen wir vielleicht nicht besonders gut in der Lage sein, kleine alltägliche Gesten der Unterstützung und Anerkennung zu würdigen.

Wertschätzung auszudrücken hängt mehr von unserer Stimmung und Einstellung ab als davon, was für uns getan wurde. Es fällt uns scheinbar leichter, wenn wir uns glücklich und zuversichtlich fühlen. Wenn wir uns zurückziehen oder besorgt sind, merken wir vielleicht nicht einmal, was jemand tut, um uns zu unterstützen. Unser Gegenüber mag sich dann fragen, ob er oder sie etwas falsch gemacht hat.

Dankbarkeit hat keine Bedeutung, solange sie nicht ehrlich ist. Bedauerlicherweise wird das Wort „Danke" jeden Tag unzählige Male als Floskel missbraucht. Allzu oft sagen oder schreiben wir es, ohne darüber nachzudenken. Unser Mund oder unsere Finger an den Tastaturen bewegen sich, aber wir bekommen dabei keine leuchtenden Augen und unser Herz wird nicht davon berührt.

„Danke" kann sogar spöttisch oder wütend ausgesprochen werden. Was können wir tun, um das zu verändern?

Alle ziehen den Kürzeren, wenn wir die Unwissenheit oder die Missverständnisse, die der Dankbarkeit im Weg stehen, nicht aufgeben. Jahre später erkennen wir vielleicht die Güte einer anderen Person und es gibt uns einen Stich, dass wir es verpasst haben, ihr zu vermitteln, wie viel sie und ihr Einsatz uns bedeuteten. Stirbt jemand, bevor wir unsere Dankbarkeit zeigen konnten, so zwingt uns der Tod, Rechenschaft abzulegen.

Unermesslicher innerer und äußerer Nutzen entsteht, wenn wir dankbar, ehrlich und bescheiden gegenüber unseren Eltern und all den anderen sind, die in unserem Leben eine wichtige Rolle spielen – Lehrern, Brüdern und Schwestern, Verwandten, Trainern und Mentoren – kurz, allen, die uns halfen, zu dem zu werden, was wir jetzt sind. Finden wir den Mut und die Demut, zu ihnen zu gehen und die Dinge ins rechte Licht zu rücken? Sogar dann, wenn das, was sie gaben oder lehrten, schwere Kost war?

Auch wenn die Vergangenheit schmerzhaft war, es kann wirklich überraschend sein zu entdecken, wie viel Freude wir mit unserer Wertschätzung auslösen können. Ein kurzes Telefongespräch oder eine E-Mail kann jemandem helfen, sich gleich besser zu fühlen. Ganz in unseren eigenen Gedanken gefangen, gehen wir oft davon aus, dass die anderen bereits wissen, wie wichtig sie für uns sind. Aber vielleicht ist dies nicht der Fall. Wertschätzung rückt alles ins rechte Licht und ermöglicht uns die Dinge abzurunden.

Allzu oft ist eine größere Krise nötig, damit wir aus unserer selbstzentrierten Isolation aufwachen und Worte der Dankbarkeit finden. Es mag beängstigend oder unmöglich erscheinen, uns mit unserer Vergangenheit mit all ihren komplexen und unerledigten Problemen auseinanderzusetzen. Vielleicht begegnen wir Gefühlen von Schmerz, Schuld oder Bedauern. Aber es muss gar nicht so schlimm sein, wie es auf den ersten Blick aussieht, und das Gefühl, etwas auflösen zu können, kann wunderbar sein. Ob es uns gefällt oder nicht: Dankbarkeit auszudrücken und zu bekommen ist ein grundlegendes menschliches Bedürfnis.

Eine wahre Geschichte

Der verheerende Tsunami, der im Dezember 2004 Asien und Ostafrika traf, hatte eine gewaltige Wirkung auf den buddhistischen Mönch Thich Nguyen Thao. Er beschloss, eines der Meditationszentren zu verkaufen, die er in Vancouver, Kanada, leitete, und den Erlös dem vom kanadischen Roten Kreuz gegründeten Tsunami-Hilfsfonds zu spenden. Der Wert der Schenkung betrug etwa eine halbe Million Dollar. Der Ehrwürdige Nguyen bezeichnete diese Geste als Ausdruck seiner Dankbarkeit gegenüber den Menschen in Indonesien, Thailand und Malaysia, die vietnamesische Flüchtlinge wie ihn aufgenommen hatten. Nachdem seine Schüler in Vancouver den ersten Schock überwunden hatten, bezeichneten sie dies als die beste Lektion, die sie je von ihrem Lehrer erhalten hatten. „Wir können stattdessen einen Tempel des Mitgefühls haben."

Übung

Was funktioniert gut in deinem Leben? Kannst du sechs Personen aufzählen, die entweder direkt oder indirekt zu dieser Situation beigetragen haben? Hast du deine Wertschätzung gezeigt? Bei einigen mag es schwierig sein zu danken. Gibt es eine Möglichkeit, das mit Geschick anzugehen?

Betrachtung

- Suche einen ruhigen Ort, an dem du dich entspannen kannst. Setze dich bequem hin und konzentriere dich auf deinen Atem. Kommen Gedanken, Bilder und Gefühle auf, so lasse sie einfach ziehen. Wenn dich etwas ablenkt, bringe deine Aufmerksamkeit zum Ein- und Ausatmen zurück. Genieße dieses Zur-Ruhe-Kommen einige Minuten lang.

- Beginne damit, Dankbarkeit für all die guten Dinge zu empfinden, die du in deinem Leben erfährst, Beginne mit materiellen Dingen wie deinem Zuhause, deinem Besitz oder deiner Umgebung. Mache dir bewusst, dass viele Menschen diese Dinge nicht besitzen und dass auch dein Besitz vergänglich ist. Erfreue dich an deinem Glück.

- Nimm dir Zeit, auch weniger Greifbares in deinem Leben zu würdigen – etwa Beziehungen, Gesundheit, Freiheit und Wissen. Begegne jeder dieser positiven Erfahrungen mit Dankbarkeit und Wertschätzung.

- Wende dich nun den vielen Menschen zu, die in der Vergangenheit gut zu dir waren. Erinnere dich an Verwandte und Freunde, die dich in jungen Jahren unterstützt und gefördert haben. Rufe dir Lehrer ins Gedächtnis, die dir Schreiben und Lesen beigebracht oder dich zum Lernen angespornt haben. Richte deine Aufmerksamkeit auf so viele konkrete Erfahrungen von Güte wie möglich.

- Nimm dir nun Zeit, dir all die Güte, die du durch deine Eltern erfahren hast, vorzustellen. Beginne im Mutterleib, wo dich deine Mutter in sich trug und dich ernährte. Stelle dir vor, wie sie dich als Baby stillte, wie sie mitten in der Nacht aufstand, um dich zu füttern oder zu trösten, wie sie deine Windeln wechselte und dich ankleidete. Bedanke dich im Stillen bei ihr.

- Erinnere dich nun, wie du als Kleinkind völlig abhängig von der Güte der Erwachsenen warst. Du wurdest gefüttert, gewaschen und ins Bett gebracht. Du hast laufen gelernt und wurdest zur Schule gebracht. Erweitere dieses Gefühl der Dankbarkeit und Zugehörigkeit, so gut es dir möglich ist.

- Erkenne, dass all die Liebe und Güte, die du in deinem Leben erfahren hast, von ähnlicher Liebe und Güte früherer Generationen abhängt. Stelle dir vor, dass diese Güte über Jahrtausende zurückreicht. Kannst du den Wusch entwickeln, diese unermessliche Güte zurückzugeben und auch anderen weiterzugeben?

- Beende die Übung mit dem Wunsch „Mögen alle Wesen glücklich sein!"

Zitate

Die Dankbarkeit, die wir unseren Müttern und Vätern schuldig sind, weist nach vorn und nicht zurück. Was wir unseren Eltern verdanken, ist die Rechnung, die uns unsere Kinder präsentieren.
Nancy Friday, Vereinigte Staaten

Wenn wir unsere Dankbarkeit aussprechen, dürfen wir nie vergessen, dass die höchste Anerkennung nicht nur darin liegt, Worte zu äußern, sondern ihnen entsprechend zu leben.
John F. Kennedy, Vereinigte Staaten

Quellen

- www.ramdass.org ist die englischsprachige Webseite des Zentrums von Ram Dass in Maui, Hawaii. Dort finden Sie Liveübertragungen, Multimedia-Dateien und einen interaktiven Bereich.

- Die Hanuman Foundation, www.hanumanfdn.org wurde basierend auf den Lebensleitsätzen von Ram Dass' indischem Lehrer Neem Karoli Baba ins Leben gerufen, der lehrte „Liebe und ernähre die Menschen" und „Liebe und diene jedem".

- Ram Dass hat u. a. folgende Bücher geschrieben: Sei jetzt hier: Ein dreiteiliges Handbuch über seinen spirituellen Weg (Berlin, 1996), Wie kann ich helfen? Segen und Prüfung mitmenschlicher Zuwendung (mit Paul Gorman, Berlin, 1994), Die Reise geht weiter: Den Kreislauf von Leben und Tod annehmen (München, 2001).

- Fierce Grace, Regie: Mickey Lemle, 2002 (DVD/Video herausgegeben von Zeitgeist Films, 2003). Mehr Informationen: www.ramdasstapes.org/vrd-fg.htm

Anmerkung

11 Hanuman-Stiftung

12 Loyalität

Um ein ausgefülltes Leben zu führen, muss man den Mut haben, die Verantwortung für die Bedürfnisse der anderen zu tragen.
Aung San Suu Kyi, Burma

WAS IST LOYALITÄT?

Wenn im Leben alles gut geht, vergisst man gerne, dass Veränderungen innerhalb von Augenblicken geschehen können. Das ist die Natur des Universums. In einer unsicheren Welt sind Loyalität und gegenseitige Verantwortung oft das Verbindende, das Familien und Freundschaften zusammenhält. Es stellt eine Rettungsleine dar, die uns Sicherheit und Unterstützung gibt und uns ermöglicht, gut zu funktionieren.

Wir alle wollen dafür akzeptiert werden, wer wir sind. Nicht dafür, was wir kaufen können, wie wir aussehen oder wen wir kennen. Wenn wir uns nicht auf diese gegenseitige Loyalität verlassen können, kommen Angst und Unsicherheit, Einsamkeit und Herzeleid auf.

Es ist klar, dass wir gegenüber jenen Menschen, denen wir uns nahe fühlen, Loyalität empfinden, besonders dann, wenn wir wollen, dass sie sich uns gegenüber loyal verhalten. Aber kann dieses Gefühl von Nähe weitere Kreise ziehen? Ist es uns möglich, dieselbe Wärme und Unterstützung auch Menschen zukommen zu lassen, die sich außerhalb unseres engsten Umkreises befinden? Was können wir tun, um diese loyale und solidarische Einstellung auf eine größere Gemeinschaft und schließlich auf den ganzen Planeten auszuweiten? Einigen bedeutenden Menschen, wie zum Beispiel den Vorbildern in diesem Buch, scheint dies zu gelingen. Wie würde die Welt aussehen, wenn wir unseren Sinn für Loyalität alle auf diese Art ausdehnen könnten?

WARUM AUNG SAN SUU KYI?

Aung San Suu Kyi hat ihren großen Sinn für Loyalität und ihr tiefes Pflichtbewusstsein gegenüber dem burmesischen Volk von ihrem Vater Aung Sang geerbt, der zu Beginn des zwanzigsten Jahrhunderts maßgeblich daran beteiligt war, Burmas Unabhängigkeit zu erwirken. Sie beschreibt ihn als „einen Mann, der die Interessen des Landes seinen eigenen Bedürfnissen voranstellte, der selbst auf dem Höhepunkt seiner Macht arm und bescheiden blieb, der die Verantwortung der Führungsrolle ohne Verlangen nach den Privilegien der Macht annahm."

1971, in den Monaten vor ihrer Hochzeit, schrieb sie ihrem britischen Verlobten Michael Aris einen ergreifenden Brief. „Ich verlange nur dies eine von dir: mich darin zu unterstützen, meine Verpflichtungen meinem Volk gegenüber wahrzunehmen, sollte es mich brauchen." Sie steckte in einer schmerzhaften Zwickmühle. „Gelegentlich überkommt mich die Angst, dass Umstände und nationale Überlegungen uns genau dann trennen könnten, wenn wir miteinander sehr glücklich sind, sodass eine Trennung eine große Qual wäre."

In den späten Achtzigerjahren musste sie genau zwischen diesen beiden in Konflikt stehenden Bindungen wählen. Suu Kyi wurde die Anführerin der *Burmese National League for Democracy* und wurde vom Militärregime inhaftiert. Bis Ende 2006 verbrachte sie über 10 der letzten 17 Jahre im Hausarrest in der Hauptstadt Rangun. Ihr wichtigster Kontakt zur Außenwelt waren ein Kurzwellenradio und ein monatlicher Besuch ihres Arztes. Sie sah ihre Kinder nicht aufwachsen und konnte nicht bei ihrem Mann sein, als er an Krebs starb. Kein Wunder, dass sie feststellt: „Die wahre Revolution findet im Geist statt."

Suu Kyis Stärke entspringt der Überzeugung, dass Verantwortung für das Glück und Wohlergehen der anderen das eigene Glück bringt. „Wir müssen alle verstehen, dass in der Aufopferungsbereitschaft für andere ein großes Verdienst liegt und dass wir dadurch ein erfülltes Leben führen können."

WIE FÜHRT LOYALITÄT ZU GLÜCK?

Was lässt uns genügend Sorge tragen, damit wir in jedem Fall für jemanden eintreten oder aufstehen? Damit wir öffentlich ein Zeichen setzen und durchstehen, was immer das an persönlichen Unannehmlichkeiten, an Unbehagen und anderen Herausforderungen mit sich bringt? Der Ruf zum Handeln kommt oft aus dem Bauchgefühl heraus. Wenn wir es nicht beachten, sterben wir ein kleines bisschen. Unser Geist verkümmert.

Der Mensch, der sich für loyales Verhalten entscheidet, stellt folgende Fragen: „Was kann ich für dich tun? Wie kann ich dein Leben einfacher und angenehmer machen?" Damit wird der Fokus verlagert. Und wenn uns dies mit einem Menschen gelingt, können wir es auch mit anderen tun. Es geschieht nicht bloß, weil wir erkennen, dass unsere Interessen mit denen jener Menschen, die wir lieben, verbunden sind. Wir wissen instinktiv, dass Glück beginnt, wenn wir berücksichtigen, dass das Wohlergehen der anderen ebenso wichtig ist wie unser eigenes.

Füreinander Verantwortung zu übernehmen ist sowohl in der Menschen- als auch in der Tierwelt der Schlüssel zum Überleben. Es ist ein Zeichen von Entwicklung und Reife, wenn Erwachsene Anteilnahme am Wohlergehen der anderen zum Ausdruck bringen können. Ohne diese fehlt die Grundlage für den Rechtsstaat, die Gemeinschaft, die Familie und die Kindererziehung. Wahrscheinlich werden deshalb loyale Menschen von allen respektiert. Loyalität ist eines der am weitesten verbreiteten Themen in Filmen, Büchern, Zeitungen und im Fernsehen.

Loyale Freunde können unangenehme Wahrheiten aussprechen, die wir nicht gerne hören. Sie hören uns zu, wenn wir verunsichert oder deprimiert sind, und sie trösten uns, wenn wir Probleme haben. Sie geben ihr Bestes, geduldig und versöhnlich zu sein. Wenn wir uns in jeder Lage auf die vorbehaltlose Loyalität von Freunden oder Kollegen verlassen können, werden wir mit mehr Selbstvertrauen erforschen, wie wir leben wollen, und somit auch mehr wagen. Mit starker Rückendeckung gehen wir offener auf die Welt zu, sind sicherer und freier.

Loyalität hilft uns dabei, uns nicht mehr über jede Kleinigkeit, die wir sagen oder tun, den Kopf zu zerbrechen. Sobald unsere Grundbedürfnisse erfüllt sind und ein hoher Grad an Vertrauen erreicht ist, kann sich liebevolles Handeln leichter und fantasievoller entwickeln. Dann können wir uns anderen gegenüber offener, entspannter und transparenter verhalten.

Wir haben ein besonderes Verhältnis zu Freunden, die uns in allen Phasen unseres Lebens so nehmen, wie wir sind, unabhängig davon, wie wir uns verhalten: spröde oder sanft, rebellisch oder konservativ, vernünftig oder unvernünftig. Sie stimmen vielleicht nicht immer mit unseren Prinzipien, Werten oder Entscheidungen überein, und manche von ihnen sehen wir jahrelang nicht, aber wir wissen, dass wir immer auf sie zählen können.

Menschen, deren Leben voller Entbehrungen und Widrigkeiten ist, beispielsweise weil sie einer Flüchtlingsgemeinschaft angehören, kennen oft den Wert der Loyalität am besten und wissen, welch großen Unterschied sie machen kann. Das kann bedeuten, dass eben diese Menschen besser überleben und sogar glücklicher sind als solche, deren Leben ruhiger und leichter verläuft.

In reichen Ländern werden Menschen obdachlos, wenn ihr letzter Rückhalt schwindet. Es gibt diesen Schlüsselmoment, wenn ein Mensch keine Bekannten mehr hat, die ihn auf ihrem Sofa oder

Fußboden übernachten lassen. Dann steckt er so viel wie möglich in eine Tüte, macht die Tür hinter sich zu und verbringt die Nächte fortan auf der Straße. Danach bekommt sein Leben erst wieder eine neue Richtung, wenn er einen Freund oder Sozialarbeiter findet, der seine Interessen vertritt und sich für ihn und seine Bedürfnisse engagiert – also jemanden, der ihm gegenüber als Mensch Loyalität beweist und eine gewisse Verantwortung für sein Wohlergehen übernimmt.

Wenn wir wohltätige Organisationen unterstützen, so zeigen wir damit, wie sehr wir Loyalität sowohl in unserem eigenen wie auch im gesellschaftlichen Leben schätzen. Wir sollten uns auch fragen, wie oft wir unsere älteren Verwandten besuchen, wie eng wir mit alten Freunden in Kontakt bleiben (auch wenn sie nicht zu unserem momentanen Umfeld passen) und wie oft wir einem Freund ausweichen, weil er im Moment Schwierigkeiten hat und seine Anwesenheit belastend ist.

Loyalität und Verantwortungsbewusstsein können eine schwere Last werden, die uns die Freude am Leben zu rauben droht. Blinde Loyalität kann uns in die Irre führen und unser Urteilsvermögen untergraben. Sich loyal zu verhalten bringt aber auch Kraft und Zufriedenheit – dass wir etwas anzubieten haben, dass wir die Wahl haben, uns für jemanden einzusetzen und dass wir nicht allein sind.

Eine wahre Geschichte

Sandra Aguebor ist eine tatkräftige Mutter zweier Kinder aus Lagos, Nigeria, die als *Lady Mechanic* bekannt wurde. Ihr Engagement begann damit, dass sie anhielt, um anderen Frauen zu helfen, deren Autos auf den chaotischen und unsicheren Straßen von Lagos eine Panne hatten, und ihnen, während sie einen Reifen wechselte oder den Motor wieder anließ, einen kurzen Vortrag über die Instandhaltung von Autos hielt. Im Jahr 2000 sammelte sie Geld und rief die „*Lady Mechanic*"-*Initiative* ins Leben, die heute 70 unterprivilegierten und gefährdeten jungen Frauen einen Ausbildungsplatz bietet. Aguebor schafft so nicht bloß Arbeitsplätze und Geschäftsmöglichkeiten in einer vormals ausschließlich Männern vorbehaltenen Domäne, sondern unterrichtet zudem grundlegende Buchhaltungskenntnisse, bietet eine subventionierte Krankenversicherung und verteilt zum Ausbildungsabschluss ein Werkzeug-Set. Sie genießt auch ihre Rolle als weibliches Vorbild: „Ich habe das Joch des Schamgefühls abgeworfen, diese Angst vor dem Unbekannten – wissen Sie, Frauen fürchten sich oft."

Siehe den Artikel von Sarah Simpson, der erstmals im Christian Science Monitor erschien. www.csmonitor.com

Übung

Steht dir jemand nahe, der im Moment eine schwierige Zeit durchlebt? Nimm dir einige ruhige Momente, um über seine Situation und seine Bedürfnisse nachzudenken. Kannst du ihn unterstützen, indem du ihm praktische Hilfe anbietest? Bist du dazu bereit? Falls dies nicht der Fall ist: Hält dich etwas zurück?

Betrachtung

- Suche einen ruhigen Ort, an dem du dich entspannen kannst. Setze dich bequem hin und konzentriere dich auf deinen Atem. Kommen Gedanken, Bilder und Gefühle auf, so lasse sie einfach ziehen. Wenn dich etwas ablenkt, bringe deine

Aufmerksamkeit zum Ein- und Ausatmen zurück. Genieße dieses Zur-Ruhe-Kommen einige Minuten lang.

- Falls du einen Garten hast, stelle dir vor, du schaust ihn jetzt an. Wenn du keinen hast, stelle dir vor, du hättest einen. Es gibt dort Blumen und andere Pflanzen, vielleicht sogar Gemüse und Obstbäume. Einige Stellen in deinem Garten sind besonders schön – es sind die, denen du viel Zeit und Aufmerksamkeit geschenkt hast. Wie sehen sie aus? Andere Bereiche deines Gartens sind eher vernachlässigt und ungepflegt. Wie sehen diese aus?

- Ziehe Folgendes in Betracht: Wem auch immer wir Beachtung schenken, wird wachsen, was wir vernachlässigen, geht ein. Trifft dies auf deinen Garten zu?

- Dein Garten ist ein Gleichnis für deine Beziehungen. Denke über die Beziehungen nach, die du vernachlässigt hast, indem du jemanden nicht zu einem Gespräch getroffen hast, nicht angerufen hast, ihm keine E-Mail geschickt oder ihn schlicht keine Beachtung geschenkt hast. Warum hast du diese Menschen vernachlässigt? Frage dich in aller Ruhe und ohne dir oder anderen Schuld zu geben: „War ich diesen Personen ein loyaler Freund?"

- Betrachte nun im Vergleich dazu die Beziehungen, für die du Zeit und Aufmerksamkeit hattest. Dies sind die blühenden und gepflegten Bereiche deines Gartens. Was bringt dich dazu, mit einigen Menschen loyal und herzlich zu sein und mit anderen nicht? Wie zeigt sich deine Loyalität?

- Frage dich: „Was bedeutet Loyalität für mich?"

- Was wäre, wenn du allen Bereichen deines Gartens dieselbe Aufmerksamkeit schenken würdest? Wie sähe er aus, wenn jeder Winkel lebendig wäre – voller Farben und Blätter? Wie würdest du dich fühlen, wenn jeder Baum, jede Pflanze und jeder Grashalm grünen und gedeihen würden? Wie viel Aufwand wäre dazu nötig? Bist du bereit, die nötige Zeit und Kraft dafür aufzuwenden? Beobachte die Gefühle, die dabei aufkommen, und nimm sie zur Kenntnis – es können Gefühle von Schuld, Scham oder Niedergeschlagenheit sein.

- Wie viel Aufmerksamkeit willst du deinem Garten im Moment schenken?
- Beende die Übung mit dem Wunsch „Mögen alle Wesen glücklich sein!"

Zitate

Ein Freund ist jemand, dem man sein ganzes Herz ausschütten kann, Spreu und Weizen zugleich, wohl wissend, dass seine sachten Hände alles auffangen und aussieben werden. Sie werden das behalten werden, was es wert ist zu behalten, und er wird mit einem gütigen Ausatmen den Rest wegblasen.
Arabisches Sprichwort

Wir müssen Freunde eher um ihretwillen lieben als um unseretwillen.
Charlotte Brontë, Großbritannien

Es kommt auf die Freunde an, die man um vier Uhr morgens anrufen kann.
Marlene Dietrich, Deutschland/Vereinigte Staaten

Du sollst nicht Opfer sein, du sollst nicht Täter sein, und vor allem sollst du nicht Zuschauer sein.
Holocaust Museum, New York

Quellen

- Es gibt weltweit mehr als dreißig Organisationen, die sich für die Menschenrechte und die Demokratie in Burma einsetzen. Weitere Informationen finden Sie unter www.burmacampaign.org.uk (Links).

- Es gibt u. a. folgende Bücher von und zu Aung San Suu Kyi: Aung San Suu Kyi, Ein Porträt, hrsg. v. Michael Aris, München, 1991 (eine Sammlung von Artikeln von Aung San Suu Kyi, inklusive einem Vorwort von Desmond Tutu und Vaclav Havel).

- Aung San Suu Kyi, Letters from Burma, London Penguin, 1997; ders., The Voice of Hope, London Penguin Ltd, 2002

- Barbara Victor, The Lady: Aung San Suu Kyi: Nobel Laureate and Burma's Prisoner, Faber and Faber, 2002

- Der Weg zur Freiheit: Die Friedensnobelpreisträgerin aus Birma im Gespräch mit Alan Clements; ergänzt durch Gespräche mit U Kyi Maung und U Tin Oo, Göttingen, 2009 (Original: La loi du défi)

Wie wir Sinn im Leben finden

**Wenn alles sich verändert,
ist auch alles möglich.**

Veränderungen finden überall um uns herum statt. Das ist ein Naturgesetz. Während sich die Welt dreht, wird der Tag zur Nacht, kommen und gehen die Jahreszeiten, wachsen und verderben Nahrungsmittel, werden Maschinen erfunden und sind kurz darauf schon wieder veraltet, und neue Kleider, die einst topmodern waren, sind ausgeblichen und abgenutzt. Über die Jahrtausende hinweg bewegen sich sogar Berge und Kontinente.

Lebewesen sind ebenfalls einem ständigen Kreislauf der Veränderung unterworfen. Die Atome, aus denen unser Körper besteht, sind im Wandel begriffen. Wir werden geboren, wir wachsen, wir erreichen das Erwachsenenalter und dann altern wir und sterben. In jedem Moment verändern sich unsere Gedanken und Gefühle, oft schneller als wir es erkennen.

Alles, was hergestellt und erschaffen wird, hat einen Lebenszyklus, der Veränderungen und dem Verfall unterworfen ist. Beachten wir diese Grundwahrheit nicht, sind wir in der Illusion gefangen, die Dinge seien dauerhaft, obwohl es so viele Gegenbeweise dafür gibt. Wir vergessen, dass unsere Lieblingstasse zerbrechen wird, eine Liebesbeziehung zu Ende gehen kann, eine Blume verwelken wird, oder dass unsere Familienmitglieder, Freunde und Haustiere älter werden. Wenn wir das nicht in Betracht ziehen, kann unser fehlendes Verständnis zu unglaublichem Unbehagen und zu Schmerzen in unserem Leben führen.

Obwohl wir tief in unserem Inneren genau wissen, dass sich Dinge verändern, versuchen wir diese Tatsache zu ignorieren. Vergänglichkeit kann Furcht einflößend sein. Was wird die Zukunft bringen? Wird es besser oder schlechter, einfacher oder schwieriger, trauriger oder fröhlicher? Dennoch wäre ein Leben ohne Wandel undenkbar, es fehlten die Chancen und die Hoffnung. Wir würden für immer so bleiben, wie wir jetzt sind, ohne dass es möglich wäre, zu wachsen und uns zu verändern. Wenn wir vernünftige Entscheidungen darüber treffen können, wie wir unsere Zeit und unser Geld einsetzen, ist der Wandel etwas Positives und Willkommenes. Jeder Moment birgt unendlich viel Potenzial – und es liegt an uns, ob wir es annehmen.

Deine Sinnsuche hängt von deiner Fähigkeit und Bereitschaft ab, neue und unbekannte Gebiete zu erkunden. Deswegen wird diese Suche oft als „Pfad" bezeichnet. Sie ist eine Herausforderung, dich tief in dein Inneres zu wagen, deine inneren Stärken und Sehnsüchte zu erforschen und herauszufinden, wie du sie nutzen kannst, um ein glückliches und erfülltes Leben zu führen. Dieser Prozess mag schwierig, anstrengend und ermüdend sein, aber er ist sicher auch spannend, befreiend und tiefgründig. Wer bist du? Was tust du hier? Wie kannst du das Beste aus der Zeit machen, die du hier auf der Erde verbringst?

Die Vorbilder in diesem Teil des Buches sind Menschen, die auf diese innere Reise gegangen sind und Sinn im Leben gefunden haben, indem sie ihren einengenden und selbstbezogenen Blick auf die Welt und sich selbst aufgegeben haben. Sie zeigen, wie die Entwicklung von Motivation, Prinzipien, Dienen und Mut helfen kann, für dich und andere Glück zu finden.

13 Motivation

Wir sind die Generation, auf die wir gewartet haben.
Craig Kielburger, Kanada

WAS IST MOTIVATION?

Unsere Motivation hat mit dem zu tun, wonach wir uns innig sehnen, mit unserer Bestimmung und Erfüllung, unserer Freude und unserem Glück, das tief – manchmal auch begraben – in unserem und im Herzen eines jeden Lebewesens liegt. Es ist die innere Stimme, die uns dazu drängt, unser Leben gut einzusetzen und das Beste aus all unseren Begabungen und Leidenschaften zu machen. Die Art und Weise, wie wir auf diese Stimme reagieren, bestimmt alle Entscheidungen, die wir in unserem Leben treffen.

Bereits dieses Buch zur Hand zu nehmen ist ein Zeichen dafür, dass wir motiviert sind. Unsere Motivation ist die Nahrung der Veränderung, sie nährt unsere Hoffnung, dass unser Leben besser und sinnvoller sein könnte, und unsere Bereitschaft, dafür etwas zu ändern. Sie ist eine Aufforderung zu konkretem Handeln.

Jeder strebt nach Glück, und es entspricht der menschlichen Natur, auch andere in diesen Wunsch einzuschließen. Wir wünschen uns, dass unsere Familie und Freunde erfolgreich und zufrieden sind, dass Obdachlose eine Unterkunft finden, Hungrige Nahrung erhalten, Kranke Medizin bekommen. Wir wünschen uns eine Welt in Frieden.

Die glücklichsten und zufriedensten Menschen sind gewöhnlich diejenigen, die einen Weg gefunden haben, ihrer Motivation entsprechend zu handeln und so eine aktive Rolle in der positiven Entwicklung der Welt zu spielen. Dies ist eine Eigenschaft, die allen Vorbildern in diesem Buch gemein ist. Ihre Lebensgeschichten mögen einschüchternd auf uns wirken und außer Reichweite erscheinen. Im Nachhinein sind sie zu überragenden Figuren geworden. Dennoch beruhte alles, was sie taten und erreichten, auf kleinen Schritten und einzelnen Entscheidungen, von denen viele auch für uns möglich sind.

Was können wir tun, um unsere Motivation in die Tat umzusetzen? Wie können wir unser einzigartiges Potenzial als menschliches Wesen erkennen und nutzbar machen?

WARUM CRAIG KIELBURGER?

Craig Kielburger war zwölf Jahre alt, als er in einer Zeitung über den pakistanischen Knaben Iqbal Masih las, der ermordet wurde, weil er offen über die Arbeitsbedingungen in der Teppichindustrie berichtet hatte. Von diesem Moment an änderte sich Craigs Leben. Er kopierte den Artikel, ging in die örtliche Bibliothek, um Statistiken zu Kinderarbeit zu recherchieren, und lud einige seiner Klassenkameraden zu Limo und Pizza ein, um mit ihnen zu besprechen, was sie tun könnten, um die Lebensbedingungen der Kinder am anderen Ende der Welt zu verbessern.

Zwölf Jahre später hat Craigs Organisation *Free the Children* mehr als eine Million junge Leute dazu motiviert, sich humanitär zu engagieren. Ihr Auftrag ist es, überall auf der Welt Kinder von Missbrauch und Ausbeutung zu befreien – und von der Idee, sie seien nicht alt, klug oder kompetent genug, um die Welt zu verändern. *Free the Children* hat über 450 Schulen gebaut, dafür gesorgt, dass 505.000 Menschen medizinische Versorgung erhielten, dass marginalisierte Frauen und deren Familien Zugang zu nachhaltigen Einkommensquellen ermöglicht wurde und dass 132.000 Menschen Zugang zu einer ordentlichen Abwasser- und Abfallentsorgung und sauberem Wasser erhielten. *Free the Children* wird durch Kinder und Jugendliche finanziert, vorangetrieben und geleitet.

Neben ihrer humanitären Arbeit machen Craig und sein Bruder Marc darauf aufmerksam, wie wichtig es ist, junge Menschen bei der Umsetzung ihrer Ziele zu unterstützen. 1999 gründeten sie *Leaders Today*, eine Organisation, die es jährlich 350.000 Jugendlichen ermöglicht, sich Führungsqualitäten anzueignen. Sie betreiben eine Webseite (www.globalvoices.org), die junge Leute ermuntert, Themen von globaler Bedeutung einzubringen und zu diskutieren. In ihrem letzten Buch *From Me to We* vertreten sie die These, dass jeder junge Mensch ein Herzensanliegen hat und dass die Herausforderung darin besteht, aktiv zu werden. „Entdecke deine Begabung, entdecke deine Leidenschaft. Verbinde die beiden, und du wirst die Welt verändern. Schon eine kleine Tat kann enorm viel bewirken."

WIE FÜHRT UNSERE MOTIVATION ZU GLÜCK?

Es gibt nichts daran auszusetzen, dass wir in unserem Leben essen, schlafen, arbeiten, einkaufen, Filme anschauen oder Sex haben. Aber können wir Zufriedenheit finden, wenn wir die ganze Zeit damit beschäftigt sind, nur noch nach Vergnügen und persönlichen Annehmlichkeiten zu streben? Es kann wie Salzwasser wirken, das unseren Durst niemals stillen kann. Eventuell führt das lediglich zu stiller Verzweiflung. Die glücklichsten Menschen scheinen jene zu sein, die ihrer Existenz eine Bedeutung gegeben haben, die darüber hinausgeht, sich nur um sich selbst zu kümmern.

Sogar wenn uns etwas Angst macht, kann uns unsere Motivation viel Energie geben. Es gibt Momente, in denen wir spüren, dass alles möglich ist – dass Menschen große Schönheit schaffen, die schwierigsten Probleme lösen, enormes Mitgefühl zeigen und dauerhafte Weisheit entwickeln können.

Wie oft denken wir darüber nach, was uns wirklich anspornt? Können wir uns einen Tag, eine Stunde oder auch nur fünf

Minuten Zeit nehmen, um uns ernsthaft um eine Antwort auf diese Frage zu bemühen? Was hält uns zurück? Fürchten wir die Erkenntnis, wir könnten am Ende nicht zufrieden sein? Sehnt sich ein Teil von uns nach Veränderung, während der andere Teil ängstlich und besorgt ist? Sind wir bereit, uns unserer Kraft und unserem Potenzial, das eigene Leben so zu formen, wie wir es ersehnen, zu stellen?

Der tibetische König Songtsen Gampo benannte drei miteinander verknüpfte Aspekte, die uns dabei helfen können, unsere Motivation zu erkunden und auf ein Ziel auszurichten. Erstens: ein oder mehrere Lehrer, die uns inspirieren und anleiten; zweitens: Belehrungen zum Anhören und Reflektieren; drittens: eine Gruppe von Weggefährten, die sich in dieselbe Richtung bewegen wie wir. Wenn diese drei Bestandteile vorhanden sind, haben wir ein sicheres Fundament, um den Sinn des Lebens zu finden.

Wir sind umgeben von vielen Lehrern: Was brauchen wir, um jemanden zu finden, der ein Feuer in unserem Herzen entfachen kann und gleichzeitig vertrauenswürdig und aufrichtig ist? Welche anderen Eigenschaften erwarten wir von einem Lehrer? Dies ist eine sehr wichtige Angelegenheit, weshalb es ratsam ist, sehr sorgfältig, vielleicht sogar über mehrere Jahre zu prüfen. Soll der Lehrer einer religiösen Tradition angehören oder nicht? Einige Menschen unternehmen weite Reisen, während andere direkt vor der Haustür fündig werden, vielleicht in einem ruhigen Moment, wenn ihre vorgefassten Meinungen weggefallen sind.

Belehrungen können in vielfältigen Formen auf uns zukommen. Es gibt heute ein unvergleichliches Angebot an religiösen und philosophischen Traditionen und Weisheitslehren auf der Welt, die nicht nur in Vorträgen und Büchern dargelegt werden, sondern auch im Internet und in den Medien abrufbar sind. Halte Ausschau nach Dichtkunst, die dein Herz berührt, nach Musik, die dich bewegt, nach einem Roman, der einen Blitz der Erkenntnis auslöst, oder nach einem Film, der dich noch nach Tagen beschäftigt. Inspiriert zu sein heißt, eine andere Luft einzuatmen.

Wenn wir unseren Schwerpunkt und unsere Richtung tatsächlich verändern wollen, so bilden gleich gesinnte Freunde und Gefährten die dritte tragende Säule. Wenn wir ein Ziel oder eine Änderung in unserem Leben anstreben, dann begeben wir uns auf eine Reise. Haben wir Gefährten, die uns dabei mit Rat und Unterstützung zur Seite stehen, so kann das viel ausmachen. Wenn wir eine schwierige Arbeit annehmen, haben wir jemanden, an den wir uns wenden können, wenn es mal hart wird? Falls wir uns für einen guten Zweck einsetzen, gibt es eine Gruppe, die unsere Anliegen teilt? Falls wir einen spirituellen Weg einschlagen, gibt es eine Gemeinschaft, die uns ermutigt dabeizubleiben?

Unsere Zielstrebigkeit lässt uns mit hohem Einsatz spielen. Wenn wir das Begonnene nicht zu Ende führen, kann Enttäuschung die Folge sein. Denn unser Herz trauert dem nach, was es gekostet, dann aber wieder verloren hat. Wenn unsere Motivation uns jedoch zum Handeln bringt, spüren wir die Veränderung – und gewöhnlich verändert sich sogar unsere äußere Erscheinung. Schlechten Nachrichten und Enttäuschungen begegnen wir mit mehr Gelassenheit. Wir verspüren eine größere Dringlichkeit, das Leiden der anderen zu erleichtern. Wir fühlen uns mehr in Frieden. Selbst im düstersten Moment gibt es Hoffnung.

Eine wahre Geschichte (1)

Als Jane Tomlinson, Mutter von zwei Kindern, 1990 die Diagnose Brustkrebs erhielt, begann sie einen dreijährigen Kurs in Radiografie in Krankenhäusern ihrer Heimat Yorkshire (Großbritannien) – nicht als Patientin, sondern als auszubildende Röntgentechnikerin. Dies erwies sich erst als Anfang einer äußerst beherzten

Reaktion auf ihre Prognose. Als der Krebs wiederkam, war ihr Sohn erst drei Jahre alt und sie beschloss, dass sie etwas tun wollte, was ihn an sie erinnern würde. Und obwohl sie niemals sportlich war, stellte sie sich einer außergewöhnlichen Reihe sportlicher Herausforderungen, zu denen der weltweit erste Marathonlauf während einer Chemotherapie und der Ironman Triathlon 2004 genauso gehörten wie eine 6800 km lange Fahrradfahrt von San Francisco nach New York. Dabei hat sie fast 2 Mio Euro für Pflegeentlastung[12], Krankenpflege sowie Krebsforschung gesammelt. Jane starb im September 2007, insgesamt sieben Jahren nachdem man ihr nur noch sechs Monate Lebenszeit prognostiziert hatte. Das Motto von *Jane's Appeal*, einer Institution in ihrem Gedenken, lautet: „Auf die Prognose folgt nicht gleich der Tod."
www.janesappeal.com

Eine wahre Geschichte (2)

Im Alter von 64 Jahren rief der Gärtner Catalino Tapia, ein Immigrant der ersten Generation, die *Gardeners' Foundation* ins Leben, um jungen Leuten aus Familien mit niederem Einkommen Universitätsstipendien zu finanzieren. 2008 war es der *Gardeners' Foundation* möglich, 15 Studenten zu unterstützen. Als er eingeladen wurde, den *Civic Venture „Purpose Prize"*[13] an der Stanford Universität entgegenzunehmen, bemerkte Catalino, dass er vor einem Jahrzehnt nur in Stanford gewesen war, um die Bäume zu schneiden.
www.encore.org/prize

Übung

Hast du schon einmal davon geträumt, die Welt zu einem besseren Ort zu machen? Welche Veränderungen würdest du begrüßen, die so umfassend und inspirierend sind, dass es mehr als eine Lebensdauer braucht, um sie zu vollenden? Bist du bereit, jetzt damit zu beginnen? Was ist der erste kleine Schritt?

Betrachtung

- Suche einen ruhigen Ort, an dem du dich entspannen kannst. Setze dich bequem hin und konzentriere dich auf deinen Atem. Kommen Gedanken, Bilder und Gefühle auf, so lasse sie einfach ziehen. Wenn dich etwas ablenkt, bringe deine Aufmerksamkeit zum Ein- und Ausatmen zurück. Genieße dieses Zur-Ruhe-Kommen einige Minuten lang.

- Richte die Aufmerksamkeit auf deinen Körper. Woraus besteht er? Denke an die verschiedenen Bestandteile wie Haut, Blut, Knochen, Organe, die wiederum aus Zellen bestehen, die ihrerseits aus Atomen, subatomaren Teilen und so weiter aufgebaut sind. Stelle dir vor, wie all diese Zellen sich bewegen und verändern, sich teilen und sterben. Versuche, die Energie und die Bewegung in deinem Körper bewusst wahrzunehmen.

- Nimm mit demselben Bewusstsein nun auch den Raum außerhalb von dir wahr. Denke darüber nach, wie die Möbel, das Glas, der Boden und alle dich umgebenden Gegenstände aus kleinsten Bestandteilen zusammengesetzt sind, die sich während eines Bruchteils einer Sekunde verändern. Öffne deine Sinne für die Welt: Nimm ihre dynamische Kraft wahr und beobachte ihren konstanten Veränderungsprozess.

- Dehne dein Bewusstsein auf die Milliarden von Menschen und Tieren auf diesem Planeten aus, deren Körper sich ebenfalls bewegen und verändern. Beobachte konkrete Städte und Länder, Berge und Seen, Sonne, Mond, Sterne und Wolken. Findest du etwas, das bewegungslos ist?

- Stelle dir nun vor, dass du die Stopptaste drückst. Plötzlich steht die Welt vollkommen still wie eine Statue. Alles erstarrt unversehens. Wie wäre das?

- Bringe die Aufmerksamkeit zu dir selbst zurück. Auch du bist zum Stillstand gekommen. Wie fühlt sich das an? Welche Auswirkungen hat es auf deinen Geist, deinen Körper und dein Verhalten? Wie kannst du nun träumen, lernen oder wachsen? Wie kannst du deine Träume erfüllen und deine Ziele erreichen?

- Lasse die Stopptaste wieder los. Alles bewegt sich wieder, und deine Freiheit ist zurückgekehrt. Erwäge den Gedanken: Wenn sich alles ändert, ist auch alles möglich.

- Beende die Übung mit dem Wunsch „Mögen alle Wesen glücklich sein!"

Zitate

Ich habe oft gesagt, das Einzige, das zwischen mir und Größe steht, bin ich.
Woody Allen, Vereinigte Staaten

Ein Baum von einem Klafter Umfang entsteht aus einem haarfeinen Hälmchen. Ein neun Stufen hoher Turm entsteht aus einem Häuflein Erde. Eine tausend Meilen weite Reise beginnt vor deinen Füßen.[14]
Lao-Tse, China (weitere Infos siehe Anmerkung 15)

Quellen

- www.freethechildren.com berichtet von folgenden Aktionen: Take Action! A Guide to Active Citizenship, Take More Action, 7 Steps to Social Involvement.

- www.metowe.org ist eine Online-Community für alle, die von Craig und Marc Kielburgers Buch Me to We. Finding Meaning in a Material World (2006) inspiriert worden sind.

- www.leaderstoday.com ist die Webseite der weltweit tätigen Organisation für junge Führungskräfte, die Craig und Marc Kielburger gegründet haben.

- Craig Kielburger: Befreit die Kinder: Die Geschichte meiner Mission. München/Düsseldorf, 1998

- Der Film It Takes a Child: Craig Kielburger's Story – A Journey into Child Labour, (Regie: Judy Jackson, 1998, Vertrieb: Bullfrog Films[16]) gewann die UNESCO-Goldmedaille des New York Festival.

Anmerkungen

12 Pflegeentlastung gibt privaten Betreuern (z. B. Familienmitgliedern) eine Pause von ihrer Pflegeverantwortung und unterstützt die betreute Person darin, weiterhin zu Hause wohnen zu bleiben. (Anmerkung der Übersetzerin)

13 Ein Preis für über 60-Jährige mit innovativen Ideen

14 Richard Wilhelm-home.pages.at/onkellotus/TTK/German_Wilhelm_TTK.html#Kap64

15 Deutsche Versionen auf de.wikipedia.org/wiki/Daodejing → Literatur

16 www.bullfrogfilms.com/catalog/child.html

14 Prinzipien

Wir können unser Gewissen weder an eine Organisation noch an eine Regierung abtreten.
Albert Schweitzer, Deutschland/Frankreich[17]

WAS SIND PRINZIPIEN?

Wie viele von uns sind imstande, die Prinzipien, die unser Leben bestimmen, aufzulisten, wenn man uns ein weißes Stück Papier gibt? Unser Alltag stellt so viele Anforderungen an uns, dass es manchmal mehr als genug ist, so gut wie möglich auf das zu reagieren, was im Moment geschieht – in der Hoffnung, dass alles irgendwie gut wird.

Trotzdem haben die meisten von uns sehr viele Prinzipien, auch wenn wir uns dessen nicht bewusst sind. Worüber ärgern wir uns, was bringt uns zur Weißglut? Wütend zu werden ist oft ein Zeichen dafür, dass ein uns äußerst wichtiges Prinzip nicht eingehalten wurde. Etwas in uns schreit „Nein". Die Leidenschaft und Kraft, die in uns erwachen, mögen uns dann überraschen.

Prinzipien verleihen uns Stärke. Sie bilden das Fundament, von dem aus wir Kraft und Energie finden, um bei den Dingen, die uns wichtig sind, einen Standpunkt einzunehmen. Sie sorgen dafür, dass unsere Zielstrebigkeit in die richtige Richtung geht. Wie die Speichen eines Fahrrads geben sie uns Stabilität und helfen uns, uns sinnvoll zu betätigen. Was können wir tun, um unseren eigenen Prinzipien treu zu bleiben und sie für ein glückliches Leben zu benutzen?

WARUM ALBERT SCHWEITZER?

In seinen Zwanzigern lebte Albert Schweitzer als wohlhabender, erfolgreicher Pastor, Musiker und Akademiker in Straßburg, das damals deutsch war. Fast niemand in seinem Umfeld wusste, dass er ein persönliches Gelübde abgelegt hatte, mit 30 Jahren sein Leben zu ändern. Der zeitgenössischen Kirche gegenüber sehr kritisch eingestellt, wollte er nicht bloß über das barmherzige Lebensengagement von Jesus reden, sondern es auch in die Tat umsetzen. Zur Überraschung und Bestürzung von Freunden und Familie schulte sich Schweitzer zum Mediziner um und wanderte als Arzt nach Lambaréné in Französisch-Äquatorialafrika (heute Gabun) aus, um dort ein Krankenhaus zu gründen.

Der Grundsatz „Ehrfurcht vor dem Leben", den Schweitzer während seiner Jahre in Afrika entwickelte[18], ging, wie er später sagte, auf sein eindrücklichstes Erlebnis aus seiner Jugendzeit zurück: Als er mit einem Freund zusammen mit einer Steinschleuder auf Vögel schoss, erkannte er, dass er nicht töten wollte. Von diesem Tag an versuchte er immer, seine eigenen Prinzipien zu verfolgen, egal was die anderen über ihn dachten oder sagten. „Keinen Augenblick legen wir das Misstrauen gegen die von der Gesellschaft aufgestellten Ideale und die von ihr im Umlauf gehaltenen Überzeugungen ab."[19]

Später brachte sich der Linkshänder Schweitzer das Schreiben mit der rechten Hand bei, um seine Katze nicht zu stören, die gewöhnlich auf seinem linken Arm schlief. Dies ist eine kleine, aber eindrückliche Veranschaulichung für seinen Leitsatz: „Das Leben eines Menschen ist so wie seine Gedanken."

In Schweitzers Augen verkümmert unser moralisches Gewissen, wenn wir es leid werden, das Leben, die Erfahrungen und das Leid der Lebewesen, die uns umgeben, zu teilen. „Wehe uns, wenn unsere Empfindsamkeit abstumpft: Unser Gewissen, das

Gewissen im weitesten Sinne, das heißt das Bewusstsein von dem, was wir sollen, geht damit zugrunde."[20]

Schweitzer hatte einen herausragenden Verstand und war ein Freidenker, für den nichts tabu war. Allerdings glaubte er fest daran, dass unsere Werte an Kraft einbüßen, wenn sie nicht in rationalen und mystischen/emotionalen Aspekten unseres Seins verwurzelt sind. In diesem Sinne war „Ehrfurcht vor dem Leben" für ihn kein starres Regelwerk, sondern eine wesentliche Grundlage für die schwierigen Entscheidungen, die jeder Einzelne zu treffen hat.

WIE FÜHREN PRINZIPIEN ZU GLÜCK?

Prinzipien funktionieren wie ein innerer Kompass oder ein Prüfstein für das, was wir sind und was wir mit unserem Leben machen wollen. Sie verleihen uns Einzigartigkeit und helfen uns dabei, unsere tiefsten Wünsche umzusetzen. Es ist riskant, sie unbeachtet zu lassen. Unser Seelenfrieden könnte darunter leiden.

Prinzipien schützen uns davor, Opfer der Umstände zu werden. Sie dienen als Brücke zwischen den ruhigen Zeiten, in denen wir darauf achten, was wir in unserem Inneren fühlen, und den hektischen Phasen, in denen wir keine Zeit zum Nachdenken haben, bevor wir reden oder handeln. Disziplin und Gewohnheit können uns helfen, auf dem richtigen Weg zu bleiben. Es ist eine Entlastung, innere Werte als Wegmarken zu haben.

Wenn wir über unsere Prinzipien nachdenken, ist es, als führten wir ein Selbstgespräch: Was ist uns am wichtigsten? Für welche Prinzipien wollen wir bekannt sein – bei der Arbeit, unter Freunden und in der Familie, sogar bis über unseren Tod hinaus? Wollen wir als jemand in Erinnerung bleiben, der immer für seine Überzeugungen eingestanden ist, der sich fair verhalten hat, der die Wahrheit gesagt und die Menschen gut behandelt hat? Oder als jemand, der prinzipienlos war?

Unsere Werte und Prinzipien kommen besonders dann zur Geltung, wenn wir herausgefordert werden – in den schwierigen Momenten – und wenn wir uns bedroht fühlen. Sie kommen an dem Punkt zum Vorschein, an dem wir für uns selbst aufstehen und etwas anders machen – wenn wir gegen den Strom schwimmen und nicht einfach etwas mitmachen, was uns nicht richtig erscheint. Wenn wir im Angesicht einer Versuchung unseren Prinzipien treu bleiben, beweist uns das, dass wir fähig sind, die Verantwortung für unser Leben zu tragen.

Wir schaffen täglich die Grundlagen und Bedingungen für unsere Zukunft. Wenn unser eigenes Glück und das der anderen unser Ziel ist, dann müssen wir besonders achtsam sein. Von den Millionen kleinen Entscheidungen, die wir treffen, zieht jede wieder Millionen nach sich. Welche Prinzipien können uns unbeschadet durch diese unbegrenzten Möglichkeiten führen?

Viele Menschen versuchen, unsere Prinzipien zu beeinflussen, besonders in unserer Jugend. Das gehört zum Familienleben, zur Schule und zur Freizeit. An welchem Punkt wird das kontraproduktiv? Wenn wir spüren: „Ich will selbst entscheiden!" Denn wir wissen instinktiv, dass Prinzipien unsere eigenen sein müssen und nicht einfach übernommen werden können. Während wir sie entwickeln, entdecken wir, was für uns wirklich sinnvoll ist. So finden wir unsere Stimme.

Prinzipien helfen uns dabei, Freundschaften zu schließen und für eine gute Sache zusammenzuarbeiten. Sie gleichen einem Namensschild, das anderen hilft zu verstehen, wer wir sind, was wir tun und wofür wir stehen. So können sie Vertrauen in uns entwickeln. Wenn wir wissen, dass jemand niemals lügt, dann wissen wir auch, dass wir von dieser Person niemals hintergangen werden. Wenn wir wissen, dass jemand nicht zu körperlicher Gewalt greift, dann sind wir vor Angriffen sicher. Unsere Prinzipien können uns zu einer Zuflucht für unsere Mitmenschen machen.

Prinzipientreue als langweilig und zu berechenbar anzusehen, ist ein großer Fehler. Denn häufig ist das Gegenteil der Fall. Es kann spannend sein, mit prinzipientreuen Menschen zusammen zu sein. Sie sind oft die dynamischen Freidenker. Sie besitzen Tatkraft und Vertrauenswürdigkeit und treffen mutige Entscheidungen darüber, wie sie ihre Zeit verbringen wollen. Sie können uns, wie die Vorbilder in diesem Buch, wie ein Magnet anziehen.

Leider kann es auch abfärben, wenn wir unsere Zeit mit Menschen verbringen, die nicht so prinzipienfest sind. „Private Telefongespräche vom Büro aus sind in Ordnung ..., keine Sorge, es machen sich alle über ihn lustig ..., es macht nichts aus, wenn du dir einen Vorteil verschaffst." Wenn wir uns über unseren eigenen Standpunkt nicht im Klaren sind, ist es verlockend, sich der Masse anzuschließen. Es ist aber quälend und unangenehm, gegen seine eigenen Werte zu handeln. Es belastet uns und raubt uns den Schlaf. Sind wir bereit, darüber nachzudenken, dass wir uns selbst verraten haben? Und wenn ja, was bedeutet das eigentlich?

Wenn wir unsere Prinzipien als Richtgrößen oder Maßstäbe nehmen wollen, anhand derer wir uns prüfen, dann benötigen wir unbedingt Bescheidenheit und Humor. Wagen wir es, unsere Aktivitäten während des Tages vor dem Schlafengehen noch einmal kritisch Revue passieren zu lassen? Können wir uns selbst gegenüber gütig und geduldig sein, wenn wir unsere Vorsätze einmal nicht eingehalten haben? Unsere Prinzipien rufen uns in Erinnerung, dass wir alle noch „in Arbeit" sind.

Eine wahre Geschichte (1)

Im Jahr 1973 fand an der Princeton Universität (New Jersey) ein berühmtes Experiment statt, bei dem eine Gruppe von Theologiestudenten gebeten wurde, das

Hochschulgelände zu überqueren, um in einem anderen Gebäude eine Predigt über den Guten Samariter zu halten. Im Rahmen der Forschungsarbeit wurde einem Teil der Studenten gesagt, sie seien sehr spät dran und müssten sich beeilen. Die Forscher Darley und Batson hatten einen Schauspieler engagiert, der mitten auf dem Weg am Boden lag, offensichtlich Schmerzen hatte und Hilfe benötigte. Weil sie es mit ihrer Predigt über Mitgefühl so eilig hatten, beachteten 90 Prozent der „verspäteten" Studierenden des Theologischen Seminars von Princeton die Bedürfnisse des leidenden Mannes überhaupt nicht. Einige stolperten buchstäblich über ihn.

(Aus: Reto U. Schneider: Das Buch der verrückten Experimente, München, 2004)

Eine wahre Geschichte (2)

2004 setzte das internationale Netzwerk *World March of Women*, eine Basisbewegung von 6000 Frauenorganisationen, eine weltweite Charta für die Menschheit auf. Im Jahr darauf wurde die Charta auf einer Welttournee vorgestellt, die in Sao Paolo, Brasilien, begann und in Burkina Faso endete. Bei jedem der 64 Zwischenhalte nähten Frauen aus dem jeweiligen Land ein Stück für eine Patchworkdecke, die nun in den südafrikanischen Büroräumen der Organisation hängt – als handfeste Erinnerung an die Prinzipien, die sie alle verbindet.

www.wolrdmarchofwomen.org

Übung

Welche Themen liegen dir besonders am Herzen? Weshalb inspirieren sie dich? Was erzählen sie dir über dich? Nimm dir einige Minuten Zeit, um deine eigenen Richtlinien in Bezug auf dein Denken und dein Handeln zu ermitteln. Besprich sie mit einem Freund, einer Freundin. Gelingt es dir, ihnen gerecht zu werden? Wenn nicht, was kannst du dagegen tun?

Betrachtung

- Suche einen ruhigen Ort, an dem du dich entspannen kannst. Setze dich bequem hin und konzentriere dich auf deinen Atem. Kommen Gedanken, Bilder und Gefühle auf, so lasse sie einfach ziehen. Wenn dich etwas ablenkt, bringe deine Aufmerksamkeit zum Ein- und Ausatmen zurück. Genieße dieses Zur-Ruhe-Kommen einige Minuten lang.

- Stelle dir die Frage: Welches sind meine Prinzipien? Lasse die Frage allmählich in dein Inneres sinken – wie ein Blatt, das in einen tiefen Brunnen fällt. Wiederhole das einige Male.

- Erinnere dich an einen Moment, als du fest in dir selbst ruhtest, wie ein Berg, dessen Fundament tief in die Erde reicht. Richte dein Hauptaugenmerk auf die Erfahrung der Erdung und des Zentriertseins. Wie ging es dir damals? Woran hast du gedacht? Was hast du gemacht? Erinnere dich so genau wie möglich.

- Rufe dir nun eine Zeit in Erinnerung, als du verunsichert, unkoordiniert oder verwirrt warst. Was war zu dieser Zeit los? Was hast du gedacht? Was hast du gemacht? Erinnere dich so genau wie möglich.

- Spiele jede der beiden Situationen erneut durch. Wie wirken sich die Erinnerungen auf deinen Körper aus? Kannst du ein bestimmtes Gefühl in deinem Bauch, Herzen oder in der Kehle wahrnehmen? Spüre diesen Empfindungen behutsam nach.

- Stelle dir die Frage: Welches sind die Prinzipien und Wertvorstellungen, die mich erden – die das Gefühl schaffen, wie ein Berg zu sein? Ermittle die Worte, Bilder oder Ideen, die dir in den Sinn kommen. Wenn du nicht weißt, wo du beginnen sollst, hilf dir mit einer Liste von Grundsätzen, die es bereits gibt, wie zum Beispiel die Zehn Gebote.

- Während du jeden einzelnen Wert und Grundsatz untersuchst, beobachte weiterhin die Empfindungen, die in deinem Körper aufkommen und nimm wahr, wo Anspannung und wo Entspannung herrschen. Helfen dir diese Wahrnehmungen, um zu erkennen, welche Werte und Prinzipien in dir am lebendigsten sind? Kennst du den Grund dafür?

- Verweile nun in der Kraft der Werte und Prinzipien, die dir am meisten bedeuten.

- Beende die Übung mit dem Wunsch „Mögen alle Wesen glücklich sein!"

Zitate

Ein schlechtes Gewissen ist wie ein Haar auf der Zunge.
Mark Twain, Vereinigte Staaten

Dies über alles: Sei dir selber treu, und daraus folgt, so wie die Nacht dem Tage, du kannst nicht falsch sein gegen irgendwen.
Shakespeare, Großbritannien

Quellen

- www.albertschweitzer.info bietet ein breites Spektrum an Dokumenten aus Schweitzers Leben, u. a. eine Reihe von Kurzgeschichten.
- James Brabazon, Albert Schweitzer: Essential Writings. (Maryknoll: Orbis Books, 2005)
- Albert Schweitzer. Aus meinem Leben und Denken. Frankfurt am Main, 1995 (Original 1933)
- Albert Schweitzer. Aus meiner Kindheit und Jugendzeit. München, 2005
- James Brabazon, Albert Schweitzer: A Biography. 2nd edition. (Syracuse: Syracuse University Press, 2000)
- Albert Schweitzer, restaurierter und ungeschnittener Dokumentarfilm. Regie: Jerome Hill, 1957. (auf DVD/Video erschienen bei Roan Archival Group, 2005). Gewann einen *Academy Award* (Oscar) für den besten Dokumentarfilm im Jahr 1957.

Anmerkungen

17 A.S. wuchs im Elsass in einer alemannisch-französischen Familie auf; er war 44 Jahre alt, als seine elsässische Heimat 1918 als Folge des Ersten Weltkrieges wieder dem französischen Staatsgebiet zugeordnet wurde. Damit erhielt er die französische Staatsangehörigkeit. Er selbst bezeichnete sich jedoch gern als Elsässer und „Weltbürger"; das Deutsche und das Französische beherrschte er fast gleichermaßen gut. (Anmerkung der Übersetzerin aus Wikipedia)

18 Bereits 1919 hielt A.S. in Straßburg eine Predigt zu diesem Thema (siehe A.S. Die Ehrfurcht vor dem Leben, München 1966/2003). (Anmerkung der Übersetzerin)

19 Roman Globokar. Verantwortung für alles, was lebt. Rom, 2002 zitiert Albert Schweitzer, Kultur und Ethik, S. 331. (Anmerkung der Übersetzerin)

20 A.S. Predigten 1898-1948. Werke aus dem Nachlass im Verlag C.H. Beck. München, 2001

15 Dienen

Die anhaltendste und dringlichste Frage im Leben lautet: Was tust du für andere?
Martin Luther King Jr., Vereinigte Staaten

WAS MEINEN WIR MIT DIENEN?

Dienen ist die sichtbare Ausdrucksform eines Wunsches, anderen von Nutzen zu sein, ihr Glück zu mehren. In bester Form ist es ein Ausdruck der Fürsorge, der Bereitschaft zu teilen und des Sich-aneinander-Erfreuens. Wenn es sich spontan und ohne Anstrengung ergibt, ist es schön anzuschauen. Dienen kann aber auch als Pflicht empfunden werden. Anstatt leicht und erfreulich zu sein, fühlt es sich dann schwer und belastend an. Zu lernen, wie man dient – und sich dienen lässt – ist für die meisten von uns eine lebenslange Aufgabe.

In jedem Augenblick haben wir die Gelegenheit, das Leben einer anderen Person etwas einfacher oder angenehmer zu machen. Alle Gedanken, Worte und Taten, die auf liebevolle Weise von uns kommen, haben das Potenzial, Glück zu schaffen. Sind wir bereit, in uns selbst das Einfühlungsvermögen, die Einsicht, die Klarheit und die Überzeugung aufzuspüren, die wir dazu brauchen?
Die Belohnung dafür ist gewaltig: Indem wir den Wunsch, die anderen glücklich zu sehen, in uns entdecken und stärken, finden wir gleichzeitig den Schlüssel zu unserem eigenen Glück. Niemand geht bei dieser Gleichung leer aus. Dies ist die Goldene Regel von aufrichtigem Dienen, die sich in allen Religionen und spirituellen Traditionen wiederfindet: „Was ihr von anderen erwartet, das tut ebenso auch ihnen."[21]

WARUM MARTIN LUTHER KING JR.?

„Ein Individuum hat nicht zu leben begonnen, bevor es nicht über den engen Handlungsrahmen seiner individualistischen Belange hinausgewachsen ist, hin zu den grundlegenden Interessen der gesamten Menschheit." Martin Luther King brachte diesen Leitgedanken nicht nur durch seine Worte zum Ausdruck, sondern auch durch die Art, in der er sein Leben dem Kampf für Gerechtigkeit und Frieden widmete. „Solange es Armut in der Welt gibt, kann ich nicht reich sein, auch wenn ich eine Milliarde Dollar besitze ... Ich kann nie das sein, was ich sein sollte, solange du nicht das sein kannst, was du sein solltest. Denn so ist unsere Welt gemacht."

Kings Ansichten wurzelten nicht nur in seinem christlichen Glauben, sondern auch in der Vision von einer gemeinsamen Menschlichkeit. „Alle Menschen stehen in Wechselbeziehungen. Jede Nation ist Erbin eines unermesslichen Schatzes an Ideen und Arbeit, zu dem sowohl die Lebenden wie die Toten aller Nationen beigetragen haben. Ob wir es erkennen oder nicht, jeder von uns ist anderen auf ewig etwas schuldig." Sein Engagement für Gerechtigkeit und Gleichberechtigung war sehr bodenständig. 1963 sagte er in seiner Rede über die Fähigkeit zu lieben: „Der gute Nachbar sieht über die äußeren Umstände hinweg und erkennt die inneren Qualitäten, die alle Leute zu menschlichen Wesen – und demnach zu Brüdern – machen."

Kings Argument beruht auf der Einsicht, dass es eine natürliche Folgeerscheinung unserer gemeinsamen Menschlichkeit ist, sich gegenseitig zu lieben und zu dienen. Es ist das wahre Zeichen von Zivilisation und echtem Fortschritt.

In einer seiner ergreifendsten Reden können wir spüren, wie enttäuscht er ist über unsere Unfähigkeit zu verstehen: „Wir müssen lernen, als Brüder miteinander zu leben, sonst gehen wir als Narren zusammen unter."

Martin Luther Kings unermüdlicher Kampf für die Gleichberechtigung und Würde der Schwarzen war sichtbarer Ausdruck seines Glaubens an grenzenlose Liebe und grenzenloses Dienen. Als er den Friedensnobelpreis annahm, bezeichnete er ihn als Auftrag, in die Welt hinauszugehen und sich noch stärker für die Dinge zu engagieren, an die er glaubte.

Martin Luther King hielt 1968, einige Monate vor seiner Ermordung, in Atlanta, Georgia, die sogenannte *Drum Major* (Tambourmajor)-Rede, die seine Vision eines glücklichen und sinnvollen Lebens zusammenfasste. „Wenn ihr einflussreich sein wollt – großartig. Wenn ihr anerkannt sein wollt – großartig. Wenn ihr wichtig sein wollt – großartig. Aber erkennt, dass derjenige, der euch dient, der Größte unter euch ist. Das ist eine neue Definition von Größe. (...) Wenn wir Größe so definieren, kann jeder groß sein. Denn jeder kann dienen. (...) Du brauchst dazu nur ein Herz voller Gnade und eine liebende Seele."

WIE FÜHRT DIENEN ZU GLÜCK?

Menschen, die wie die Vorbilder in diesem Buch anderen stets dienen, handeln so, weil es ihnen Lebenssinn und Freude bringt. Sie sind konkreter Beweis dafür, dass der Einsatz für das Wohlergehen von anderen eine Quelle des Glücks sein kann. Je mehr sie geben, desto mehr Tatkraft scheinen sie zu haben.

Wir sind umgeben von zahlreichen Gelegenheiten, anderen zuzuhören und etwas zu geben: beim Kaffeetrinken, am Krankenbett oder beim Spaziergang im Park. Dazu müssen wir nicht in einem Elendsviertel leben, auf einer Krankenstation arbeiten oder an einer Schule in benachteiligten Stadtvierteln unterrichten. Indem wir unseren Dienst anbieten, erlernen wir Fertigkeiten und lernen wir Freunde kennen. Wir wenden unsere Aufmerksamkeit ab von unseren eigenen Sorgen und Ängsten. Wir stärken und unterstützen die Gesellschaft, in der wir leben. Der Dalai Lama nennt dies „auf weise Art eigennützig“ sein.

Gibt es jemanden, der sich nicht wohl dabei fühlt, wenn er etwas Gutes für jemand anderen tut? Es ist wohltuend, ein Lächeln oder ein Dankeschön zu erhalten. Wonach wir aber tatsächlich suchen, ist dieses gewisse Zufriedenheitsgefühl, das tief in unserem Herzen entsteht. Bereits als Kinder werden wir von dieser angenehmen Empfindung angezogen. Wie kommt es, dass anderen zu dienen Zufriedenheit und Sinn stiftet, während es häufig zu Enttäuschung führt, wenn wir uns selbst dienen? Wenn dem so ist, was müssen wir tun, um entsprechend zu handeln?

Die Menschen, die am aufrichtigsten und engagiertesten dienen, scheinen jene zu sein, die am meisten auf die Bedürfnisse und Probleme anderer Menschen eingehen können. Es kann schmerzlich und schwierig sein, sich dem Leiden einer anderen Person zu öffnen. Unser Geist weicht zurück und sucht nach etwas Angenehmerem. Wenn wir jedoch offen und achtsam bleiben, finden wir vielleicht die Lösung für viele unserer eigenen Probleme und Dilemmas.

Wie Meditierende und Einsiedler über Jahrhunderte bewiesen haben, ist es möglich, durch die Kraft des Verstandes und Vorstellungsvermögens einen hohen Grad an Mitgefühl zu entwickeln. Anfangs müssen wir tief erkennen, wie viel wir mit allen anderen Lebewesen gemeinsam haben. Genauso wie wir versuchen sie, Hunger, Durst, Lieblosigkeit, Grausamkeit oder Gewalt zu vermeiden. Tägliche Betrachtungen dieser Art helfen, den aufrichtigen Wunsch, dass all unsere Mitmenschen glücklich oder wenigstens frei von Leid sein mögen, zu erzeugen und aufrechtzuerhalten. Und in dem Maße, in dem dieser Wunsch an Stärke gewinnt, kann es dazu kommen, dass er alles beeinflusst, was wir sagen und tun.

Die Frage ist nicht nur, ob wir dienen wollen, sondern wie wir das tun. Es gibt einen riesigen Unterschied zwischen dem Dienen, das uns auslaugt und ausbrennt, und dem Dienen, das uns Auftrieb, Energie und Freude gibt. Welcher zündende Funke fehlt? Worauf müssen wir genau achten?

Es ist erfüllend, sich mit Anmut und Einfachheit in den Dienst anderer zu stellen und dabei keine Gegenleistung zu erwarten. Oft wirkt ein Hilfsangebot eher wie ein Geschäftsvorgang, verknüpft mit unausgesprochenen Bedingungen und Erwartungen. Nach einer scheinbar freundlichen Tat können sich Unbehagen und ein flaues Gefühl im Magen einstellen. Wenn wir nicht fähig sind, von ganzem Herzen und aus unserer Güte heraus unseren Dienst anzubieten, wäre es dann nicht besser, das Angebot gar nicht erst zu machen?

Der überraschende Schlüssel zu liebendem Dienen könnte in der zweiten Hälfte der Goldenen Regel liegen: andere zu lieben und ihnen zu dienen, so wie wir uns selbst lieben und uns selbst dienen. Wie können wir zum Wohlbefinden der anderen beitragen, wenn wir unser eigenes Wohlergehen vernachlässigen? Wie können wir zu einer harmonischen, liebevollen Stimmung beitragen, wenn wir zu diesen Gefühlen selbst nicht mehr fähig sind? Wenn das Dienen ein Ausdruck von Liebe ist, dann müssen wir auch uns selbst lieben und dienen. Unser eigenes Glück geht Hand in Hand mit dem der anderen.

Eine wahre Geschichte

Tim Lefens sah sich selbst nie als „netten" Menschen – er war ein erfolgreicher und egozentrischer Künstler, der Surfen, Frauen und Motorräder liebte. Aber Anfang der 90er-Jahre erklärte er sich bereit, einige Dias seiner Werke in einem Heim für Schwerbehinderte zu zeigen. In seinem Buch *Flying Colors* beschreibt er, wie dieser Tag sein Leben veränderte. Überraschend nahm er den unverwandten Blick eines Mannes im Rollstuhl wahr, dessen Körper zwar quälend deformiert war, aber aus dessen Augen ein unverwüstlicher Geist strahlte. Lefens entwickelte daraufhin den starken Wunsch, körperlich behinderten Menschen dabei zu helfen, ihre innerste Seele durch Malerei auszudrücken. Mittlerweile hat er eine Methode entwickelt, bei der die Behinderten mithilfe eines Lasers, der an einem Stirnband befestigt ist, einen Malassistenten anweisen, wie und wo die Farbe aufgetragen werden soll. Die Resultate sind außergewöhnlich und wurden in einigen der renommiertesten Galerien New Yorks verkauft. Tim beschreibt seine Arbeit „nicht als Hilfe für die weniger Glücklichen", sondern als „Unterstützung der vollen und authentischen Kreativität von Menschen, deren Gedanken und Gefühle einfach in der Begrenzung ihres Körpers gefangen sind." Die Organisation, die er ins Leben rief, trägt den Namen *Artistic Realization Technologies*. www.artrealization.org

Übung

Fühlst du dich ausgebrannt und leer, unfähig, zu geben? Bietest du anderen deine Dienste auf Kosten deines eigenen Wohlergehens an? Unternimm in der nächsten Woche etwas, um mit dir selbst Mitgefühl zu zeigen. Versuche, dieselbe Sanftheit und dasselbe Mitgefühl einzusetzen, wenn du das nächste Mal etwas Gutes für jemand anderen tust.

Betrachtung

- Suche einen ruhigen Ort, an dem du dich entspannen kannst. Setze dich bequem hin und konzentriere dich auf deinen Atem. Kommen Gedanken, Bilder und Gefühle auf, so lasse sie einfach ziehen. Wenn dich etwas ablenkt, bringe deine Aufmerksamkeit zum Ein- und Ausatmen zurück. Genieße dieses Zur-Ruhe-Kommen einige Minuten lang.

- Rufe dir alle engen „Freunde" in Erinnerung, indem du entweder ihre Namen still für dich aufzählst oder indem du sie dir vor deinem geistigen Auge vorstellst. Wähle die Methode, die dir besser liegt.

- Ist es möglich, dass unsere „Freunde" ganz einfach die Menschen sind, die tun, was wir wollen? Frage dich selbst, warum du sie als „Freunde" ansiehst. Erkunde die Möglichkeit, dass „Freunde" jene Menschen sind, die sich so verhalten, wie es für dich am bequemsten ist. Falls du einen Widerstand gegen diese Idee verspürst, gestehe ihn dir ein und gehe ihm sanft auf den Grund. Denke über diesen Gedankengang nach, indem du eine Beziehung untersuchst, die sich kürzlich verändert hat – was genau ist geschehen?

- Rufe dir nun als Nächstes die Menschen in Erinnerung, die du als Gegner siehst – Menschen, bei denen du nervös wirst, wenn du an sie denkst. Was genau an ihnen stellt eine Herausforderung für dich dar? Tun sie vielleicht nicht das, was du willst? Wiederum könnte es sein, dass du gegen diese Idee Widerstand verspürst: Nimm den Widerstand wahr, gehe ihm sanft auf den Grund: „Ich sträube mich dagegen." Bleibe entspannt und spüre, wo der Widerstand in Körper und Geist sitzt.

- Suche nun deine Welt nach den „neutralen" Personen ab – diejenigen, die keinen besonderen Eindruck bei dir hinterlassen haben. Warum sind sie „neutral"? Vielleicht weil du sie noch nicht eingeordnet hast? Wähle eine dieser Personen aus und frage dich: „Würde sie machen, was ich möchte, wenn ich sie darum bitten würde?" Beobachte, was passiert.

- Denke darüber nach, wie du Menschen in „Freunde", „Gegner" und „Neutrale" einteilst. Inwieweit nützt dir das? Wie beeinflusst es die Art und Weise, wie du mit ihnen umgehst und ihnen Unterstützung gewährst? Was würde passieren, wenn du allen offen und großzügig begegnen würdest? Spiele den Gedanken in deinem Geist durch. Stelle dir vor, wie du im Alltag allen Menschen völlig offen, unvoreingenommen, ohne Erwartungen und ohne Urteil begegnest. Wie wäre das?

- Falls du zu Schlussfolgerungen kommst, lasse sie nachklingen und sich vertiefen.

- Beende die Übung mit dem Wunsch „Mögen alle Wesen glücklich sein!"

Zitate

Niemand kann ehrlichen Herzens versuchen, einem anderen zu helfen, ohne sich dabei selbst zu helfen. Das ist eine der schönen Entlohnungen dieses Lebens.
Ralph Waldo Emerson, Vereinigte Staaten

Auch ein kleiner Stern leuchtet in der Dunkelheit.
Finnisches Sprichwort

Wie kann ich nützlich sein, wie kann ich dienen? Es gibt da etwas in mir – was kann es sein?
Vincent van Gogh, Niederlande/Frankreich

Echte Politik – eine Politik, die ihren Namen wirklich verdient – die einzige, für die ich bereit bin mich zu

engagieren: Sie ist schlicht der Dienst an meinen Mitmenschen, der Gemeinschaft und jenen, die nach uns kommen werden. Sie wurzelt in der moralischen Verpflichtung, uns aktiv für das Gemeinwohl einzusetzen.
Vaclav Havel, Tschechische Republik

Quellen

- www.thekingcentre.org wurde von Coretta Scott King gegründet. Die Institution soll in lebendiger Weise an Dr. Martin Luther King Jr. erinnern und sein Erbe verwalten. (Auf der Webseite www.king-zentrum.de sind diverse Reden, Zitate und Informationen auf Deutsch zu lesen.)
- Die Autobiografie von Martin Luther King Jr. wurde auf Englisch von Clayborne Carson herausgegeben und aus Originalzitaten zusammengestellt (Abacus, New York, Taschenbuchausgabe, 2000).
- Ausgewählte Texte. Martin Luther King Jr. Hrsg. von Coretta Scott King. München, 1985
- Martin Luther King Jr.s englischsprachige Rede „Ich habe einen Traum" kann auf www.youtube.com oder www.mlkonline.net gehört werden. (Tonträger auf Deutsch: Martin Luther King: für ein anderes Amerika; 1 Komplettsatz (5 Audio-CDs) + 1 Bonus-CD im MP3-Format. Gelesen von Eckehard Bahr. Daun, 2006).
- Dr. Martin Luther King – A Historical Perspective, (2005 als DVD von Delta Home Entertainment herausgegeben) ist einer von diversen Dokumentarfilmen über Martin Luther King Jr.

Anmerkung

21 Matthäus 7,12 und Lukas 6,31(aktiv-positiv). In Buch Tobit 4,16 (passiv-negativ): „Was du nicht willst, das man dir tu, das füge keinem anderen zu." (Anmerkung der Übersetzerin)

16 Mut

Wenn du etwas verstehst und es dich stört, dann wirst du zum Handeln bewegt. Genauso erging es mir.
Wangara Maathai, Kenia

WAS IST MUT?

Mut hat mit der Entfaltung unserer Fähigkeiten zu tun. Er hat damit zu tun, zu fühlen oder sich bewusst zu werden, dass mehr getan werden kann oder etwas anderes; sich zu entschließen es zu tun und es dann trotz aller Hindernisse zur Vollendung zu bringen. Wir spüren es in unserem Körper, wenn wir mutig waren. Ein Gefühl der Zufriedenheit und der Erleichterung breitet sich in uns aus. Etwas hat sich verändert, und wir sind daran gewachsen.

Mut definiert sich nicht dadurch, was wir tun, sondern vielmehr dadurch, welche inneren Hürden wir überwinden müssen. Er zeigt sich auf unterschiedliche Art. Er wird in der behutsamen und beständigen Herangehensweise an alltägliche Schwierigkeiten ebenso sichtbar wie in einer einzelnen spontanen Geste. Mutige Taten ereignen sich ständig in unserer Umgebung, die einen still und unbeachtet, während andere hingegen ein großes Medienecho finden.

Mutig zu sein bedeutet, sich seine Ängste einzugestehen, aber sich nicht davon abschrecken zu lassen, etwas zu geben, das über unsere unmittelbaren Bedürfnisse und Annehmlichkeiten hinausgeht.

Die meisten mutigen Menschen haben sich dafür entschieden, das Wohlergehen anderer wichtiger zu nehmen als ihr eigenes; sie haben dieser Entscheidung erlaubt, ihr Handeln und ihre Lebensart zu bestimmen. Dabei scheinen sie allesamt ihr eigenes Glück zu finden.

WARUM WANGARI MAATHAI?

Schon als Kind war Wangari Maathai eine starke Persönlichkeit. Sie wuchs in einem traditionellen Gehöft der Kikuyu im kenianischen Hochland auf und weiß über viele Erlebnisse bei der Feldarbeit, beim Feuerholzsammeln und beim Marktbesuch zu berichten. Als Kind ging sie noch barfuß zur Schule, und dennoch erlangte sie als erste Frau in Zentral- und Ostafrika den Doktortitel. Unter dem Regime von Daniel arap Moi wurde sie verfolgt, später aber war sie Mitglied der kenianischen Regierung. Die Grüngürtel-Bewegung, die sie in den 70er-Jahren ins Leben rief, hat bis jetzt über dreißig Millionen Bäume in Kenia gepflanzt und setzt sich die vollständige Wiederbegrünung Afrikas als Ziel.[22]

Anteilnahme und Mitgefühl sind die treibenden Kräfte im Leben der Professorin Maathai. Weil sie das Leid ihrer Familie und ihrer Gemeinschaft miterlebte, als diese wegen der Abholzung des Landes ihre Lebensgrundlage verloren, widmete sie ihr Leben der Aufgabe, dieses Problem auf einer übergeordneten Ebene anzupacken. Über ihr anfängliches Umweltanliegen kam sie zu ihrem Engagement für Frauenrechte, ethnische Aussöhnung und demokratische Reformen. Eines führte zum anderen. „Mein Leben lang habe ich nie aufgehört, den nächsten Schritt zu planen. Ich gehe oft einfach weiter, durch welche Tür auch immer sich mir gerade öffnet. Ich bin seit jeher auf einer Reise und diese Reise hört nicht auf."

In Wangari Maathais Leben fehlte es nicht an Herzeleid und Not. Ihr Mann ließ sich von ihr scheiden, weil er sie als zu willensstark empfand. Sie wurde in den Medien oft angegriffen, und sie wurde inhaftiert. Sie war oft körperlich in Gefahr. „Was die Leute als Furchtlosigkeit ansehen, ist eigentlich Hartnäckigkeit. Weil ich auf die momentane Situation fokussiert bin, sehe ich die Gefahr nicht. Weil ich die Gefahr nicht sehe, erlaube ich meinem Geist nicht, sich vorzustellen, was geschehen könnte – was meine Definition von Angst ist." Sie betont stattdessen die Notwendigkeit von Geduld und Zielstrebigkeit: „Niemand von uns hat jede Situation, in der wir uns befinden, unter Kontrolle. Wir können nur kontrollieren, wie wir reagieren, wenn sich die Dinge gegen uns wenden. Ich habe Misserfolg immer als eine Herausforderung angesehen, mich zusammenzunehmen und weiterzumachen."

Wangari Maathai betont, dass ihre Errungenschaften und ihr Friedensnobelpreis nicht ihr allein zustehen. Sie erklärt dies mit einem für sie typischen Vergleich aus der Natur: „Ein großer Fluss beginnt immer irgendwo (...), aber damit der Bach zu einem Fluss wird, braucht er weitere Zuflüsse, die sich mit ihm vereinen, auf ihrem Weg zu einem See oder zum Meer." Ihr Mut scheint in dieser Fähigkeit zu Bodenständigkeit und Bescheidenheit zu wurzeln. „Egal wie mächtig wir in der Regierung werden und wie viele Preise wir erhalten, unsere Stärke und Kraft und die Fähigkeit, unsere Ziele zu erreichen, hängen von Menschen ab, deren Arbeit unsichtbar bleibt, die die Erde sind, aus der wir wachsen, die Schultern, auf denen wir stehen."

WIE FÜHRT MUT ZU GLÜCK?

Mut nährt unsere Motivation, uns für etwas einzusetzen, das uns wichtig ist. Wir zapfen eine Energiequelle an, von der wir nicht wussten, dass sie da ist, und wir sind vielleicht überrascht vom Unterschied, den unsere Worte und Taten bewirken können. Dies ruft uns in Erinnerung, dass das Leben etwas Wertvolles und Aufregendes ist. Oft fühlen wir uns am glücklichsten und lebendigsten, wenn wir mit einer Herausforderung konfrontiert werden.

Mut kann unwiderstehlich, beglückend und ansteckend sein. So erkennen wir an, dass das Leben voller Schwierigkeiten steckt, dass diese aber auch überwunden werden können. Wenn uns schon jemand vorgelebt hat, wie man ungeachtet der Angst seinen eigenen Weg fortsetzen kann, können wir vielleicht folgen. Es stärkt unsere Zuversicht in die Fähigkeiten der Menschen.

Wir alle wissen, wie es ist, wenn uns der Mut fehlt, wenn wir schweigen oder wenn wir einer Aufgabe ausweichen, die sich uns stellt. Dann bleibt uns der bittere Nachgeschmack von Enttäuschung. Wenn wir dagegen unsere Befürchtungen und unseren Widerstand überwinden, erringen wir innerlich einen Sieg.

Nicht viele unter uns spielen eine wichtige Rolle in nationalen oder weltweiten Angelegenheiten. Aber jeder Mensch kann Mut beweisen, indem er für das einsteht, woran er glaubt – egal wie schwierig oder unpopulär das ist. Wenn jeder von uns mit einer einzigartigen Stimme und Rolle geboren wird, was passiert, wenn wir entscheiden, sie nicht zu nutzen? Manchmal müssen wir eben mehr unternehmen und nicht weniger, im großen Maßstab denken, nicht im kleinen. Jede Lawine beginnt mit einer Schneeflocke.

Alle Personen, die in diesem Buch vorgestellt werden, sind menschlich, nicht übermenschlich; viele wurden ohne spezielle Vorteile oder besondere Fähigkeiten geboren.

Das Verbindende zwischen ihnen ist, dass sie den Mut fanden, sich selbst zu fragen, was sie wollten und was sie nicht mehr länger akzeptieren konnten, und dann mit all ihrer Weisheit den nächsten Schritt überlegten. Sie alle entschieden, dass es unmöglich ist, ein glückliches Leben zu führen, ohne für das Wohl der anderen zu arbeiten. Der Satz „Ich will glücklich sein" geht uns vielleicht nicht so leicht über die Lippen. Uns wurde möglicherweise beigebracht, dass dies egoistisch und unangebracht ist. Aber für unglückliche Menschen ist es schwierig, andere zu inspirieren, etwas zu bewegen oder eine Veränderung herbeizuführen. Unser eigenes Glück zu suchen, all unsere Intelligenz einzusetzen, ist stets der ehrlichste und erfolgreichste Ausgangspunkt für ein sinnvolles Leben.

Wollen wir das Beste aus dem Leben machen, ist es sinnvoll, sich Gedanken über den Tod zu machen. Das Leben fesselt uns so, dass es bereits mutig ist, überhaupt an den Tod zu denken. Aber nichts ist gewisser als die Tatsache, dass wir sterben werden, und nichts ungewisser als der genaue Zeitpunkt unseres Todes. Sich dieser unabänderlichen Wahrheit zu stellen, kann uns helfen, Ängste zu überwinden, die uns bremsen.

Es kann auch nützlich sein, innezuhalten und die eigenen Ängste und Sorgen genau zu untersuchen. Manche sind Alarmglocken, die uns vor Gefahren schützen sollen, andere sind jedoch nichts als Emotionen, gewachsen aus Kultur und Gewohnheit. Stelle dich einer Angst, und ihre Macht lässt ein wenig nach. Ängste können uns zeigen, wo unsere Grenzen sind, aber auch wo wir noch wachsen können. Können wir uns die Fähigkeit aneignen, uns unseren Ängsten mit Feingefühl zu nähern und nicht mehr vor ihnen wegzurennen?

Wir brauchen Mut – nicht nur, um eine Sache zu beginnen und in Gang zu setzen, sondern auch, um von Anfang bis zum Ende unser Bestes zu geben und uns auch daran zu erfreuen. Wir brauchen auch Mut, um zu akzeptieren, dass wir unsere an uns selbst gestellten Erwartungen nicht immer erfüllen können. Jede Handlung birgt ihre eigenen Risiken und Chancen.

Manchmal brauchen wir am meisten Mut, um etwas weiterzuführen, das uns schwierig und entmutigend erscheint. Woher nehmen wir die Kraft dafür? Ist diese Kraft immer in uns, wenn wir nur tief genug nach ihr graben? Können wir wirklich aus unseren Fehlern und Schwierigkeiten lernen, und nicht bloß sagen oder vorgeben, dass wir dies tun? Auch das verlangt Mut.

Jeder hat etwas zu geben – in kurzen Momenten, durch kleine Gesten – es gibt unendliche Gelegenheiten dazu. Wer kann schon sagen, was am wichtigsten ist und wohin genau unsere Handlungen immer führen? Selbst wenn wir nur einer Person das Leben ein wenig besser oder angenehmer gestalten, ist das schon ein Schritt in die Richtung, die Welt zu einem besseren Ort für alle zu machen. Und indem wir uns mutig für das Glück anderer einsetzen, werden wir wahrscheinlich auch unser eigenes finden.

Mögest du glücklich sein. Mögen alle Wesen glücklich sein.

Eine wahre Geschichte

Vedran Smailovic war einer von Hunderttausenden Bosniern, die die Bombardierung, die Heckenschützenfeuer und die Unterversorgung während der Belagerung von Sarajewo erlebt haben. Nachdem 1992 zweiundzwanzig Menschen getötet wurden, als sie für Brot anstanden, entschied er sich, ein „musikalisches Gebet für den Frieden" darzubringen. 22 Tage lang ignorierte er die Gewehrsalven, die sein Leben bedrohten, und spielte im Bombenkrater, wo die Menschen gestorben waren, auf seinem Cello. Smailovic wurde auch berühmt dafür, dass er auf Begräbnissen kostenlos spielte, obwohl diese oft von serbischen Truppen beschossen wurden. Seine Initiative „Musik für den Frieden" wurde zu einer Inspiration für den zivilen Widerstand in Bosnien, und an dem Ort, an dem er zum ersten Mal spielte, wurde ein Straßenschrein zu Ehren der Kraft des menschlichen Geistes errichtet.

Übung

Gibt es etwas, das du unbedingt erreichen möchtest? Was hält dich zurück? Wie groß ist diese Angst? Bist du bereit, es zu tun, obwohl du dich fürchtest? Verpflichte dich jetzt zu etwas Konkretem.

Betrachtung

- Suche einen ruhigen Ort, an dem du dich entspannen kannst. Setze dich bequem hin und konzentriere dich auf deinen Atem. Kommen Gedanken, Bilder und Gefühle auf, so lasse sie einfach ziehen. Wenn dich etwas ablenkt, bringe deine Aufmerksamkeit zum Ein- und Ausatmen zurück. Genieße dieses Zur-Ruhe-Kommen einige Minuten lang.

- Wandere mit deinen Gedanken durch deinen Körper. Beginne mit den Füßen, die dich im Gleichgewicht halten und es dir ermöglichen, aufrecht auf der Erde zu stehen. Gehe höher durch die Waden und die Oberschenkel, die dir die Kraft zum Gehen und vielleicht zum Laufen geben. Lasse deine Aufmerksamkeit über den Bauch und die inneren Organe wandern, die Nahrung verarbeiten und verdauen, die dir wiederum Antriebskraft gibt. Gehe höher über die Brust und die Schultern, die Arme hinunter zu den Händen mit ihrer Fähigkeit, dir und anderen zu dienen. Spüre die Kraft deines Nackens und deiner Wirbelsäule, die dich aufrecht halten.

- Wandere mit deiner Aufmerksamkeit über das Gesicht mit seiner unendlichen Fähigkeit zu lächeln und zu lachen oder zusammenzuzucken und zu weinen. Nimm dabei die Ausdrucksfähigkeit deiner Wangenmuskeln und die Beweglichkeit deines Mundes wahr. Denke über die technische Differenziertheit deiner Augen und Ohren nach. Auch wenn dein Körper nicht so funktionsfähig ist, wie du es gerne hättest, ist er gleichwohl wunderbar und außergewöhnlich.

- Bringe deine Aufmerksamkeit zum Atem zurück, der sanft durch Lippen und Nasenöffnungen fließt. Beobachte sein Kommen und Gehen, ohne ihn zu beeinflussen oder dich dabei anzustrengen. Was wird passieren, wenn dieser feine Atem aufhört? Auch wenn dieser Gedanke beängstigend ist: Kannst du der Tatsache ins Auge blicken, dass dein Leben eines Tages zu Ende sein wird? Denke nun an alle Menschen und Tiere, die heute schon gestorben sind. Stelle dir vor, wie sie heute Morgen aufgewacht sind, genau wie du – jetzt aber tot sind. Vielleicht kam ihr Tod völlig unerwartet, verursacht durch einen Herzanfall, einen Autounfall oder eine plötzliche Krankheit. Vielleicht sind sie auch an Altersschwäche gestorben. Sie hatten Pläne für den heutigen Tag und für die Zukunft, genau wie du – aber nun ist für sie alles vorbei.

- Wie fühlt es sich an, lebendig zu sein? Was willst du mit den Gelegenheiten anfangen, die du noch zur Verfügung hast? Was ist für dich das Wichtigste? Findest du den Mut, es fortzusetzen?

- Beende die Übung mit dem Wunsch „Mögen alle Wesen glücklich sein!"

Zitate

Mut ist, wenn man Todesangst hat, sich aber trotzdem in den Sattel schwingt.
John Wayne, Vereinigte Staaten

Wir müssen bereit sein, das Leben loszulassen, das wir geplant haben, um das Leben anzunehmen, das auf uns wartet.
Joseph Campbell, Vereinigte Staaten

Dein Leben nur darauf auszurichten, ein Paar Kröten zu verdienen, zeugt von einem Mangel an Ehrgeiz. Es verlangt dir zu wenig ab. Erst wenn du nach den Sternen greifst, erkennst du dein wahres Potenzial.
Barack Obama, Vereinigte Staaten

Quellen

- www.greenbeltmovement.org ist die englischsprachige Webseite von Professorin Wangari Maathai und der Grüngürtel-Bewegung.

- Wangari Maathai. Afrika, mein Leben: Erinnerungen einer Unbeugsamen. Köln, 2008

- Wangari Maathai. Die Grüngürtel-Bewegung: Ansatz und Erfahrungen (The Green Belt Movement). Steyr, 2008

- Auf www.youtube.com gibt es verschiedene Kurzvideos über Wangari Maathai.

Anmerkung

22 „Wangari Maathai wuchs als drittes von sechs Kindern auf einem traditionellen Kikuyu-Hof im kenianischen Hochland auf, wo die ganze Familie auf der Farm eines englischen Siedlers arbeitete. Vom barfuß zur Schule gehenden Mädchen wurde sie zur ersten Frau Mittel- und Ostafrikas, die einen Doktortitel erlangte. Sie rief 1977 ein Aufforstungsprojekt, die Grüngürtel-Bewegung (Greenbelt Movment), ins Leben, um gegen die Bodenerosion und den Wassermangel zu kämpfen und setzte sich damit immer auch für die Rechte der Frauen ein. Während des Regimes von Daniel arap Moi wurde sie inhaftiert und misshandelt, aber nach dessen Abwahl als erste grüne Politikerin Afrikas in das kenianische Parlament gewählt und zur stellvertretenden Ministerin für Umweltschutz ernannt. Ihre Grüngürtel-Bewegung hat bis heute über 40 Millionen Bäume in Kenia und weiteren afrikanischen Ländern gepflanzt und setzt sich die vollständige Begrünung Afrikas zum Ziel.“ (Anmerkung der Übersetzerin)

Der Diamant Verlag

ist Mitglied in der *Gesellschaft zur Erhaltung der Mahayana-Tradition* (FPMT), einem Zusammenschluss von etwa 140 Meditations-, Studien- und Klausurzentren rund um den Erdball, die unter der Leitung von Lama Thubten Zopa Rinpoche stehen.

Falls Sie Interesse an den Seminaren über die 16 Leitsätze haben, können Sie sich an eines der FPMT-Zentren wenden. Deutschsprachige Kurse gibt es in folgenden Zentren:

Aryatara Institut
Barerstr. 70/Rgb.
D-80799 München
www.aryatara.de

Longku Zopa Gyu Zentrum
Zentrum für Buddhismus
Reiterstr. 2
CH-3013 Bern
www.zentrumfuerbuddhismus.ch/fpmt

Meditationshaus Kushi Ling
Laghel 19
I-38062 Arco/Tn.
www.kushi-ling.com

Panchen Losang Chogyen Zentrum
Servitengasse 15
A-1090 Wien
www.fpmt-plc.at

Informationen über die weltweite Organisation:

www.fpmt-europe.org

www.fpmt.org